L'ART

DE

BIEN CHAUSSER

MÉTHODE

DE

COUPE ET DE PATRONAGE

Enseignée à l'École de Cordonnerie de Paris

PAR

M. SAUZAT

PROFESSEUR

Publié sous les auspices du Syndicat des Chausseurs de Paris

EN VENTE A L'ADMINISTRATION DU JOURNAL LE CHAUSSEUR

37, Rue Saint-Honoré, 37

PARIS

[illegible]

L'ART
DE BIEN CHAUSSER

L'ART
DE
BIEN CHAUSSER

MÉTHODE
DE
COUPE ET DE PATRONAGE

Enseigné à l'École de Cordonnerie de Paris

PAR

M. SAUZAT
PROFESSEUR

Publié sous les auspices du Syndicat des Chausseurs de Paris

EN VENTE A L'ADMINISTRATION DU JOURNAL LE CHAUSSEUR
257, Rue Saint-Honoré, 257

PARIS

MCMII

L'ART
DE BIEN CHAUSSER

PATRONAGE

Manière de prendre mesure. — La façon de bien chausser dépend beaucoup de la manière de prendre mesure; bien prise par le chausseur qui garnit lui-même sa forme, elle réussit presque toujours lorsque la chaussure est bien montée; je vais vous donner ici la façon moderne de prendre cette mesure. Beaucoup plus pratique que l'ancienne méthode, cette manière donne au chausseur l'empreinte du pied, lui montre les endroits défectueux et lui permet de choisir une forme s'adaptant justement à ce tracé.

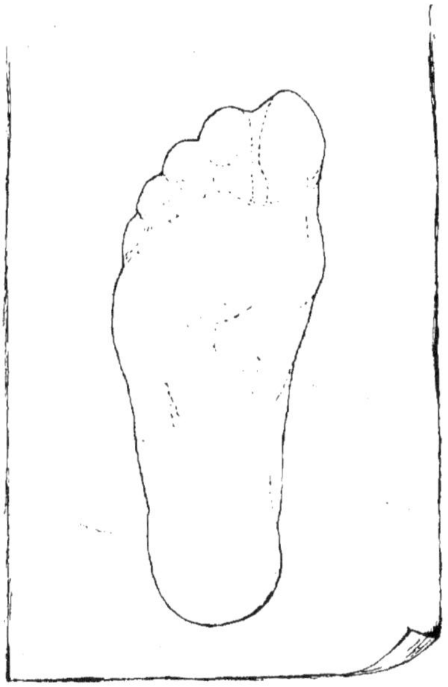

Fig. 1. — Empreinte du pied et tracé.

1° Prenez une feuille de papier assez longue pour contenir l'empreinte; faites porter tout le poids du corps sur le pied et tracez-en les contours en tenant le crayon perpendiculairement au sol, vous obtiendrez la figure 1.

2° Prenez, avec un bon centimètre, la largeur des doigts, qui est *aa* sur la figure 2, ensuite, de la même façon, la mesure du cou-de-pied *bb'*, puis l'entrée *cc'*, la cheville *dd'*, et enfin le bas du mollet, pour la bottine ne dépassant pas 20 centimètres de haut. Pour la tige dépassant cette hauteur, nous en parlerons plus loin.

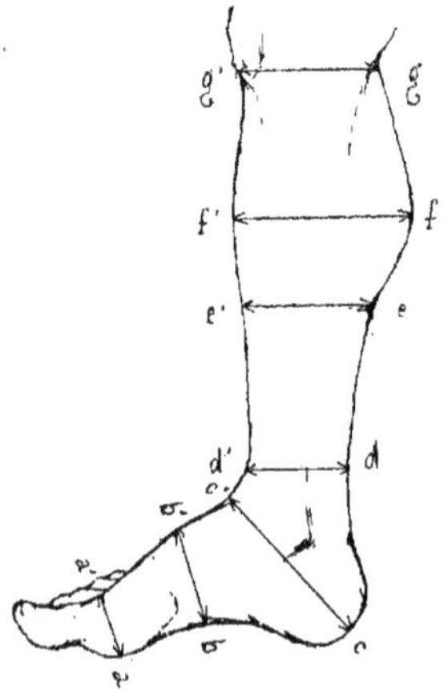

Fig. 2. — Prise des mesures.

Nota. — Avoir soin, avant de prendre mesure au bas du mollet, de porter la hauteur de la tige, verticalement, à partir du talon.

Les mesures des deux pieds ainsi prises, le chausseur doit trouver une forme, correspondant par son relevage, à la hauteur demandée par le client. Outre cela, la forme doit s'adapter aux contours de la mesure, sans, toutefois, être aussi large que celle-ci; on peut supprimer comme largeur de plante, environ 1 centimètre 1/2 en totalité (Fig. 3). Il est beaucoup de petites observations dont doit tenir compte le chausseur, pour arriver à mouler le pied de son client. La première chose est de connaître le montage de l'ouvrier; s'il monte fort, c'est-à-dire si la tige serre parfaitement la forme, il est utile de supprimer à la pleine mesure un demi-centimètre pour les garnitures; cet ouvrier fait le montage rationnel, on ne doit d'ailleurs pas monter d'une autre façon.

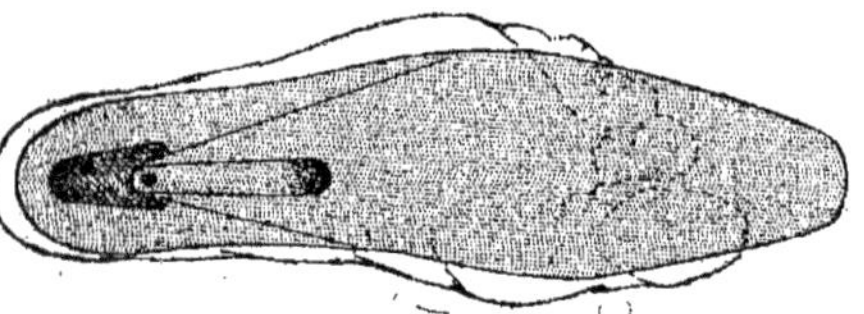

Fig. 3. — Forme du pied.

On doit s'enquérir aussi de la marche du client; pour ceci, le plus simple est de regarder les vieux souliers; dans le cas où la personne use en dedans, on doit garnir la plante et le talon en dehors et *vice versa*.

A l'aide de ces quelques notions, vous obtenez une forme qui, certainement, satisfait aux aspérités du pied; elle va pouvoir vous donner une chaussure dont nous allons suivre la formation.

Création d'un corps de toile sur forme d'homme. — Ayant obtenu une forme sur laquelle nous voulons faire une bottine, nous devons nous occuper d'abord de la création du patron de toile. Ceci est la plus importante leçon du patronage; ce modèle fini et ajusté, tout le reste ne fait qu'en dériver; c'est lui qui nous sert pour toute la coupe, et, quel que soit le genre d'une chaussure, nous en avons toujours besoin. Nous allons donc insister longuement sur cette partie du travail, qui, malgré son importance, n'en est pas moins simple et facile à reproduire.

Avant tout, nous devons partager, par une ligne, la forme en deux parties, nous obtenons deux droites, une qui passe sur l'entrée, le cou-de-pied et les doigts, l'autre qui suit le derrière du talon.

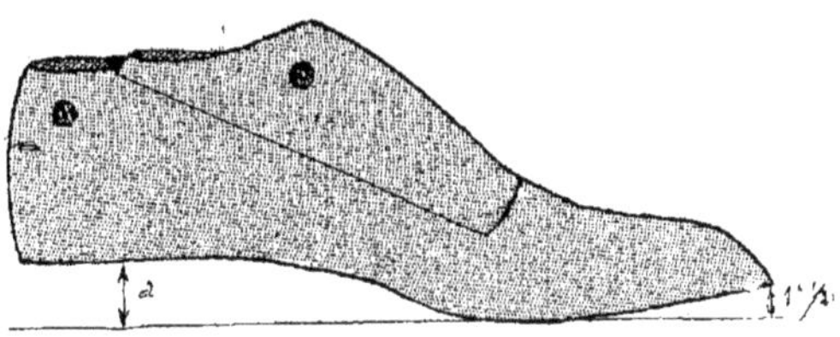

Fig. 4.

Marquons aussi l'entrée, qui se trouve, dans les formes bien faites, à 1 centimètre 1/2 sur la ligne du haut de la forme (fig. 4). Sur une feuille de carton assez résistant, tracez une ligne d'équerre, puis cherchez la hauteur du talon que votre forme demande, en la relevant, au bout, de 1 centimètre 1/2; vous avez alors, en mesurant à l'emboîtage, la hauteur a que vous cherchez (Fig. 4) Portez cette hauteur sur l'horizontale de la ligne d'équerre et posez la forme de manière à ce que la ligne de milieu, que vous avez tracée auparavant derrière la forme, se rencontre avec la verticale de l'équerre; que la plante du talon touche à la ligne AB, et que, pour cette raison, les flancs soient posés sur l'horizontale XY (Fig 5). Ceci fait, en tenant le crayon perpendiculairement au sol, vous tracez

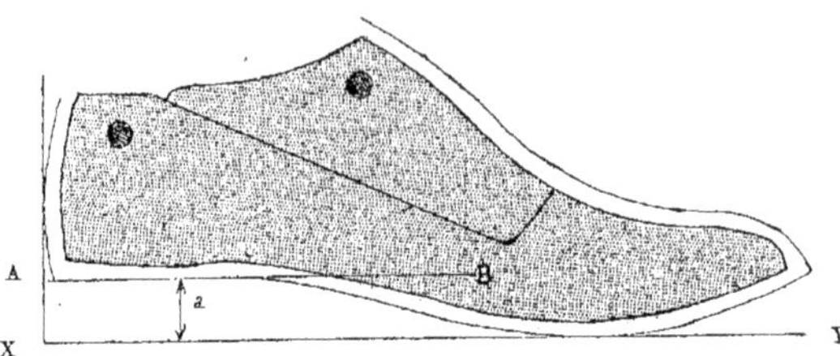

Fig. 5. — Pose de la forme sur l'équerre.

le galbe de la forme, en ayant soin de bien passer sur les lignes d'équerre et de pointer l'entrée où elle est marquée sur la forme.

Nota. — On laisse toujours les cambrures larges pour faciliter le montage.

Ayant laissé, dans le bas, 3/4 de centimètre pour le montage, vous enlevez votre forme et vous obtenez le galbe de la figure 5.

Nota. — La mesure de 3/4 de centimètre, pour le montage, est celle qu'on emploie dans le cousu main; dans le cousu machine, on laisse toujours, pour le montage, 1 centimètre 1/2, car les ouvriers montent à la semence, et l'aiguille, piquant sur les bords, ne doit pas en rencontrer sous peine de se briser à chaque point.

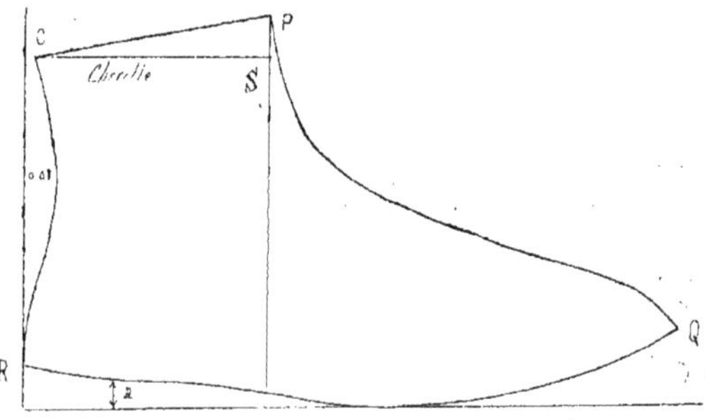

Fig. 6. — Patron de toile.

Il ne nous reste plus qu'à élever la tige sur ces tracés, portons avec un centimètre de R à O, la hauteur de tige que nous désirons (Fig. 6); pour homme, cette hauteur varie entre 14 et 16 centimètres. Du point O, que nous rentrons d'un centimètre dans l'équerre *(voir patron de toile sur forme de dame)*, nous portons la cheville, qui est ordinairement la largeur des doigts. Du point P, traçons une perpendiculaire à l'horizontale de l'équerre qui nous servira pour mener notre ligne d'entrée. Ensuite, du point O, élevons une perpendiculaire à la verticale de l'équerre, cette droite coupe notre ligne d'entrée au point S. De ce point, nous portons, en suivant la verticale, au-dessus de l'horizontale, la moitié de la hauteur du talon *(voir patron toile sur forme dame)* et nous obtenons la hauteur du devant de notre tige. En partant du point P, traçons jusqu'à l'entrée, une ligne courbe, en ayant soin de quitter le plus vite possible la verticale et en évitant aussi de former une courbe trop vive à l'entrée de la tige. Joignons ensuite le point O à l'intersection du derrière de la forme et de la verticale de l'équerre; au milieu de la droite, portons 1 centimètre en arrière et établissons notre ligne courbe, nous obtenons ainsi le tracé de la tige qu'il va nous falloir vérifier. Pour savoir si l'entrée du modèle est absolument juste, on se sert du moyen mnémonique suivant : A l'aide d'un centimètre, prenez la mesure de l'entrée, suivant la direction AB; si elle est juste, en la mesurant suivant la direction CB, vous devez trouver en points la largeur que vous avez sur AB en centimètres, exception faite des pieds difformes (Fig. 7).

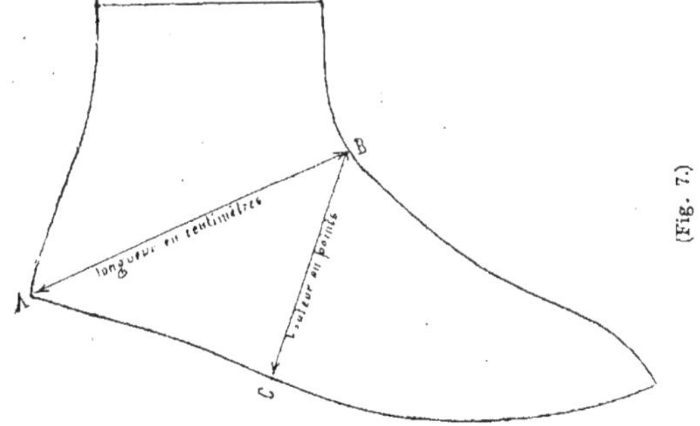

(Fig. 7.)

Pose de l'élastique et patrons de tiges cambrées. — Le corps de toile établi, pour vous faciliter la création des patrons cambrés, il est indispensable de poser l'élastique.

Quelle que soit la largeur de la jambe, l'élastique doit toujours en occuper la moitié, c'est-à-dire qu'en divisant la largeur de la cheville en quatre parties égales, l'élastique doit en occuper les deux parties centrales.

Divisons donc la jambe en quatre parties, l'élastique occupe la portion AB (Fig. 8), puis un peu au-dessus de l'entrée, portons la longueur *r*, qui est le 1/4 de la cheville, nous obtenons un point qui nous permet de tracer la première droite de l'élastique.

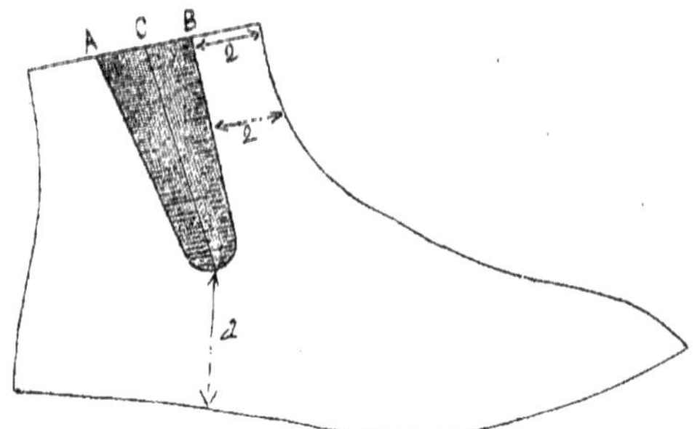

Fig. 8.

Pour obtenir le point O, nous mettons, à partir de la cambrure, et perpendiculairement à l'équerre, 5 centimètres pour les petits pieds et 6 centimètres pour les grands. En prenant ensuite sur la droite O, les 2/3 de la ligne AB, et en joignant le point obtenu à l'extrémité de cette droite, nous avons les 3 lignes formant l'élastique. Il ne nous reste plus qu'à décrire un arc de cercle, ayant pour centre la ligne CO, destiné à arrondir et à finir l'élastique cherché.

Ce patron, ainsi fait, va nous servir à produire les trois différents patrons cambrés employés de nos jours. Deux de ces patrons, le simple et le double-gousset, se trouvent cambrés par la coupe, tandis que le troisième nécessite un travail spécial — destiné à cambrer le cuir — qui est beaucoup plus long et qui demande des connaissances spéciales. Les cordonniers ruraux peuvent trouver un grand avantage à employer la coupe des deux premiers modèles qu'ils peuvent faire eux-mêmes, au lieu d'acheter leurs tiges fabriquées d'avance, n'ayant presque jamais la mesure exacte dont ils ont besoin.

Voici la manière d'obtenir facilement un patron à simple gousset :

Tracez le patron de toile, ainsi que l'élastique, comme le dessin représenté par la figure 9 vous l'indique ; puis, en partant du point A, menez une ligne droite passant sur l'entrée E et coupant le bout du patron ; cette droite est la jointure du double modèle que vous obtiendrez comme résultat. Cette ligne, en traversant le modèle, supprime la partie courbe du bout, qui doit être rajouté en dessous à la même place. Ceci fait, pliez le patron sur cette ligne légèrement fendue au tranchet, et en rajustant les deux parties, découpez suivant le tracé. Vous n'aurez, pour compléter, qu'à rajouter le gousset *g*, suivant la figure 10, et vous obtiendrez une bottine ayant une coupe très économique et ne présentant aucune difficulté.

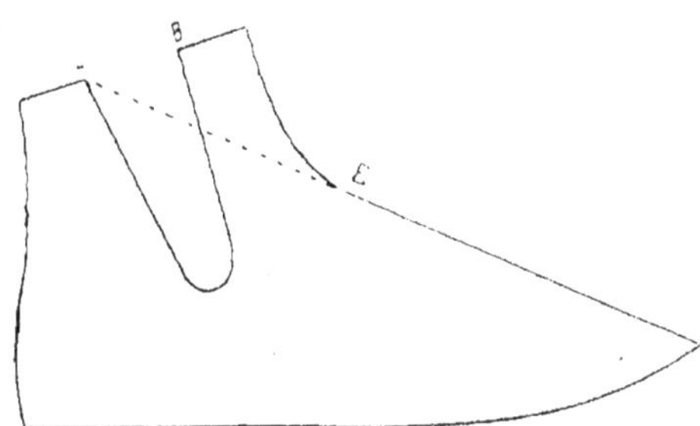

Fig. 9. — Construction du patron à simple gousset.

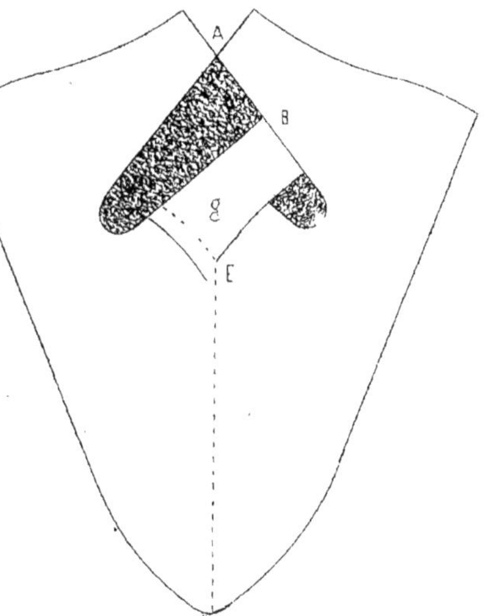

Fig. 10. — Patron à simple gousset.

Pour obtenir la bottine à double gousset, tracez une ligne horizontale, ajoutez sur cette ligne le patron de toile, de façon à ce

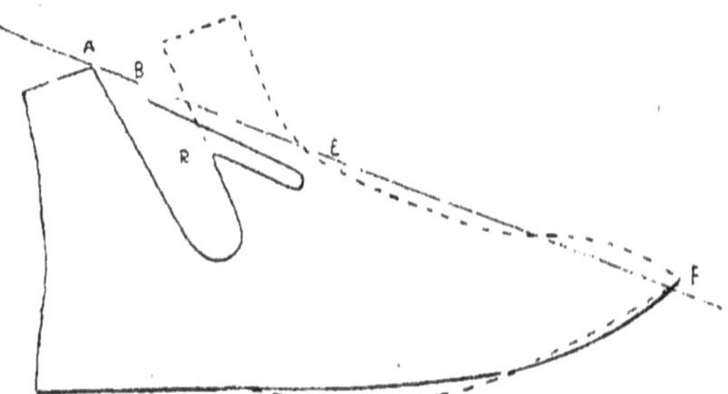

Fig. 11. — Construction du patron à double gousset.

que les points A de l'élastique et E de l'entrée coïncident avec elle, tracez ensuite ce patron en vous arrêtant au point R de l'élastique, puis, ayant rapporté la longueur EC en EB, on trace une baguette de la manière indiquée sur la figure 11. La droite AEF supprime la partie courbe du bout, il nous faut donc, comme précédemment, rapporter cette largeur au-dessous. Ceci fait, en doublant la figure 11, nous obtenons le patron à double gousset représenté ci-contre (Fig. 12).

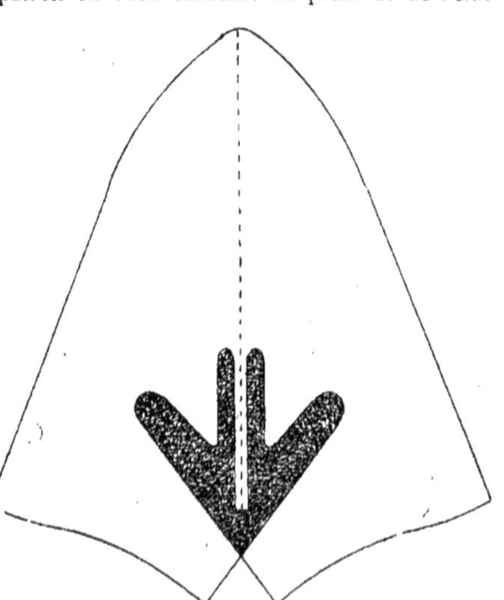

Fig. 12. — Patron à double gousset.

Passons maintenant à la bottine cambrée ordinaire, voici comment

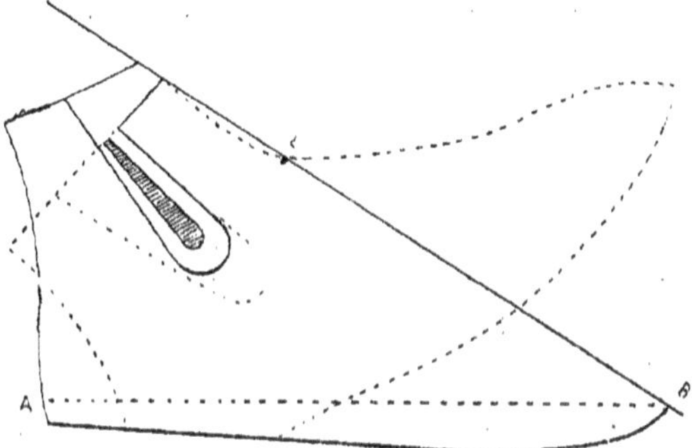

Fig. 12 *bis*. — Construction de la bottine cambrée.

nous l'obtenons : Tracez une ligne horizontale, posez, sur cette ligne, votre patron de toile, ayant l'élastique découpé, de manière

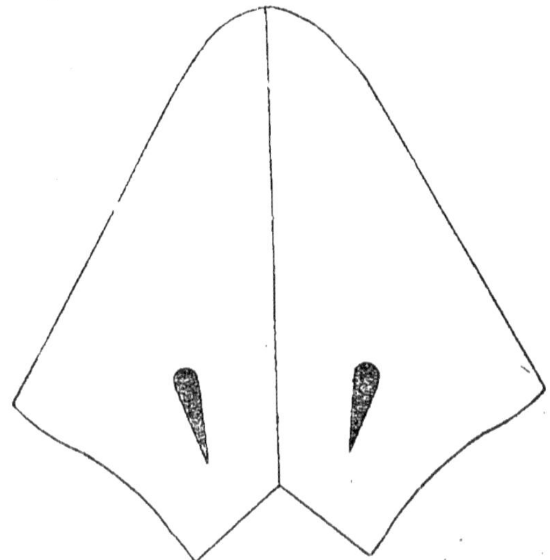

Fig. 12 *ter*. — Bottine cambrée terminée.

à y faire toucher l'entrée, ainsi que le haut du modèle (Fig. 12 *bis*), tracez, dans cette position, le devant et l'intérieur de l'élastique, puis, faites-le pivoter, jusqu'à ce que la ligne du derrière de l'élastique soit à une largeur égale à deux coutures de la ligne tracée auparavant. Ceci fait, dessinez le derrière du patron, puis, ayant pris la longueur du contrefort, au bout, portez-la suivant la direction AB (Fig. 12 *bis*); il ne reste plus qu'à trouver l'épaisseur du bout; vous l'obtenez en prenant l'épaisseur de celui qui vient de vous servir et vous tirez ensuite une ligne droite joignant le point trouvé au talon du modèle. Etant relevé en double, la figure 12 *bis* vous donne un patron de bottine prête à cambrer tel que le représente la figure 12 *ter*.

Patron de bottines à boutons et claques d'une pièce. — Ayant obtenu tout ce que peut nous donner la bottine cambrée, passons à la bottine claquée à boutons. Pour avoir la claque d'une seule pièce, prenons sur l'avant-pied, en partant du bout, la hauteur

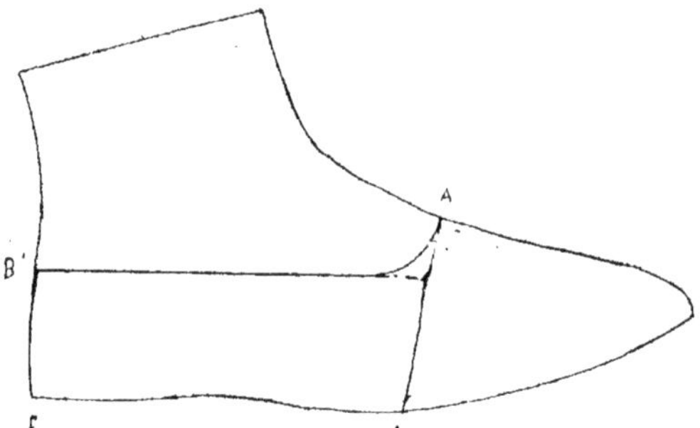

Fig 13. — Claque d'une seule pièce.

que nous voulons lui donner; puis, de ce point, dans la direction AA' (Fig. 13), prenons le tiers de cette longueur. Nous obtenons ainsi le point B, que nous joignons à B', hauteur du contrefort, qui est de 6 centimètres pour le petit pied et de 7 centimètres pour le grand. Joignons ensuite le point A au point B, par une courbe, dont la vraie place n'est pas établie, et nous pouvons, avec ces simples tracés, obtenir la claque double, c'est-à-dire entièrement terminée.

Placez le patron sur une ligne droite, comme la figure 14 vous l'indique, tracez le bout de la claque jusqu'aux flancs, puis il est indispensable d'ajouter ce qu'on appelle le bridage, c'est ce qui empêche de goder les côtés de la tige. Nous l'obtenons de la manière suivante : Faites basculer le patron de toile sur la ligne droite de l'avant à l'arrière, sa pose naturelle est celle de BR (Fig. 14), le bridage obtenu le remonte en BF et nous donne ainsi une claque qui, en allant très bien, se trouve fermée derrière et, par conséquent, plus économique à la coupe. Il faut bien tenir compte de cette remarque : Ne jamais trop donner de bridage au verni et au poulain, sinon le montage devient très difficile et les plis ne peuvent plus passer sur les flancs. Selon moi, la mesure rationnelle du bridage est de 1 centimètre 1/2 ou 2 centimètres pour le veau et de 1 centimètre au plus pour le verni. Pliez ensuite le patron, suivant la ligne AB, relevez en double la figure 14, et, pour terminer la claque, il ne nous reste plus qu'à la raccourcir derrière de 3/4 de centimètre, suivant XY, ceci est également indispensable, sans cela, au montage sur forme, elle deviendrait trop découverte.

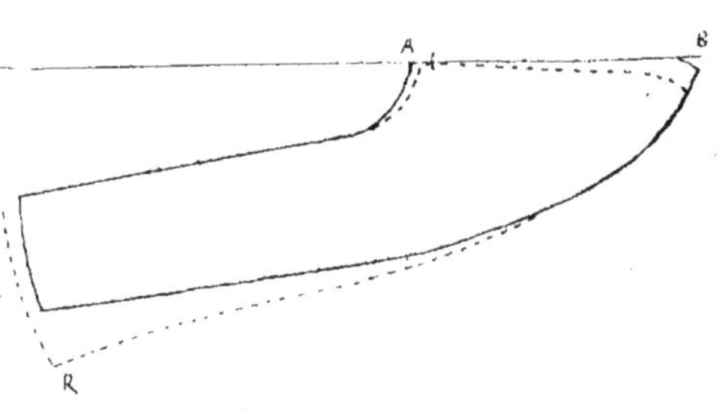

Fg. 14.

La claque en deux pièces s'obtient d'après la précédente, nous n'avons qu'à trouver la jointure de la talonnette; pour ceci, allongez le côté AB de l'élastique jusqu'à la courbure du patron, portez un centimètre à gauche de C et à droite de B et joignez les deux points obtenus. Le bridage de cette empeigne se fait de la même façon que celui de la claque d'une seule pièce. La talonnette n'étant composée que de lignes droites, s'obtient en pliant la ligne RF, mise droite et en coupant en double la portion RFoo'

Pour la tige ou carcasse, nous la relevons textuellement en ajoutant dans le bas, c'est-à-dire dans la portion RBE, environ 1 centimètre pour le croisement de la claque (Fig. 16). Cette même carcasse peut servir en la modifiant pour les bottines à lacets ; dans ce cas, ajoutez à l'entrée un demi-centimètre et arrondissez le haut en y supprimant ce que vous avez ajouté à l'entrée, ceci est pour faciliter la fermeture de la jambe et pour éviter les rebroussements des coins carrés (Fig. 17).

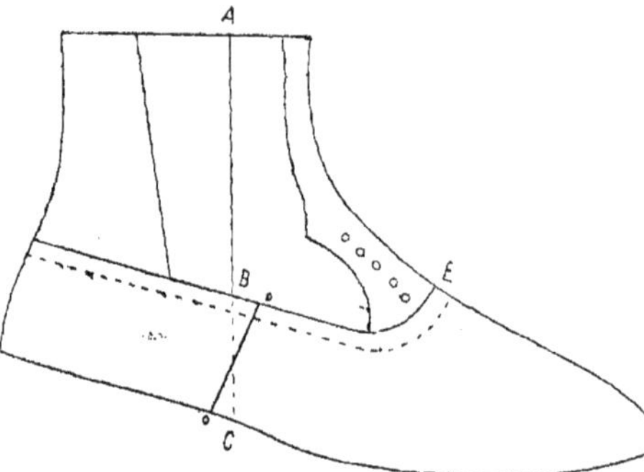

Fig. 15, — Claque en deux pièces.

La tige des bottines à élastique se divise en trois parties appelées : le derrière « petit côté », le milieu « élastique » et la partie du devant du cou-de-pied « grand côté » (Fig. 18, 19, 20).

On peut faire la bottine à élastique avec faux-lacets, en laissant tenir la baguette avec le milieu de la claque, cette partie se courbe d'elle-même par la coupe (Fig. 21).

Cette chaussure se fait surtout en verni, le veau est beaucoup moins usité dans ce genre. La partie formant faux-lacets remonte en faisant baguette sur le devant de la tige. Aujourd'hui, on fait des bottines à faux boutons avec des pattes se boutonnant et légèrement croisées sur l'élastique. Contrairement

Fig. 16.

aux pattes ordinaires, celles des bottines à faux-boutons sont plus étroites en haut qu'en bas, sans cela la moitié de l'élastique se trouverait couverte. Appliquée et piquée sur la tige, cette fausse patte a ses boutonnières simulées par une piqûre, son genre diffère entièrement de la patte ordinaire, car elle forme baguette à partir de l'entrée (Fig. 23).

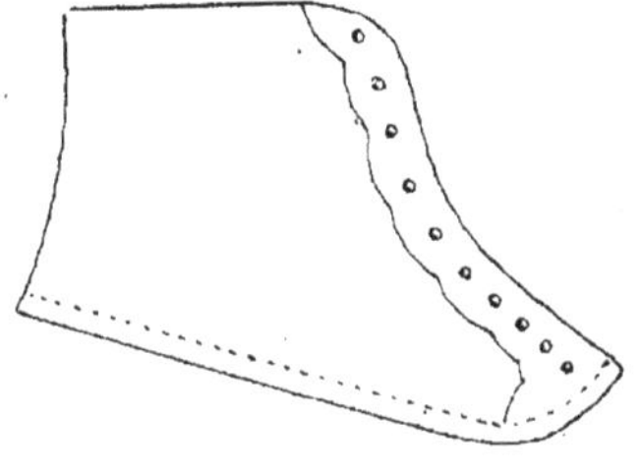

Fig. 17.

Devant la patte à boutons normale, on est en butte à plus de difficultés ; grâce à la méthode que je soumets à mes lecteurs, on obtient le plus simplement possible la mieux chaussante et la plus élégante patte à boutons. Prenez en haut de la tige la moitié de la jambe, puis supprimez un centimètre pour le bridage sur le devant, afin d'empêcher la patte de goder. Ce bridage

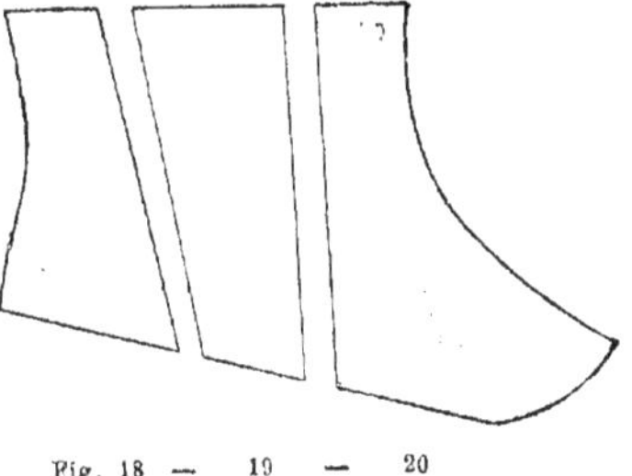

Fig. 18 — 19 — 20

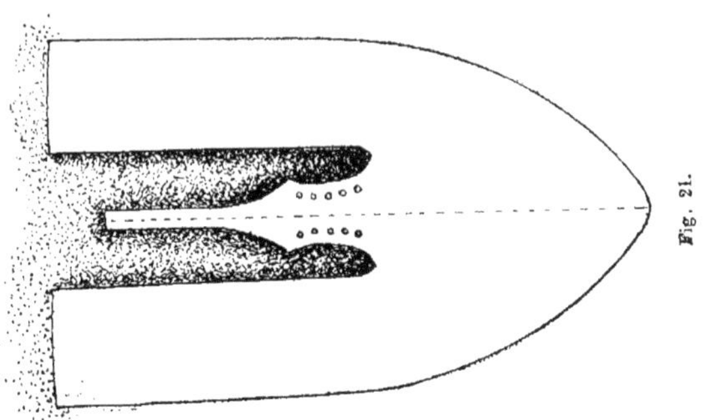

Fig. 21.

diminue avec le nombre de boutons; plus il y en a, moins il faut de bridage, par exemple pour 6 boutons on met 1 centimètre 1/2 et on augmente d'un demi centimètre par bouton, à mesure que

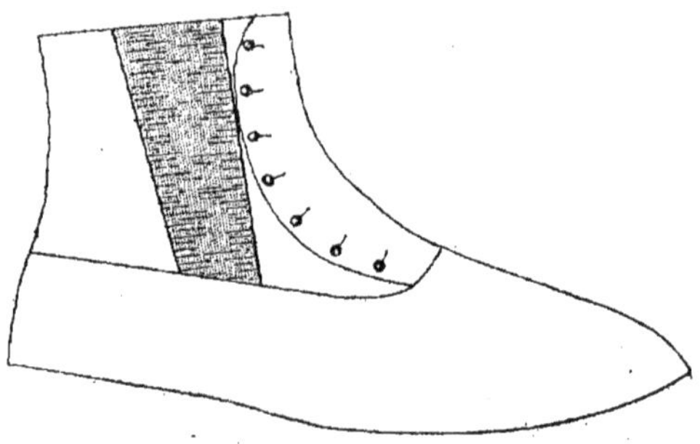

Fig. 22.

leur nombre diminue (Fig. 24). La courbe du bridage ne doit jamais arriver jusque sur l'entrée, elle doit s'arrêter au moins à 1 centimètre en avant. Ceci fait, en partant du commencement de

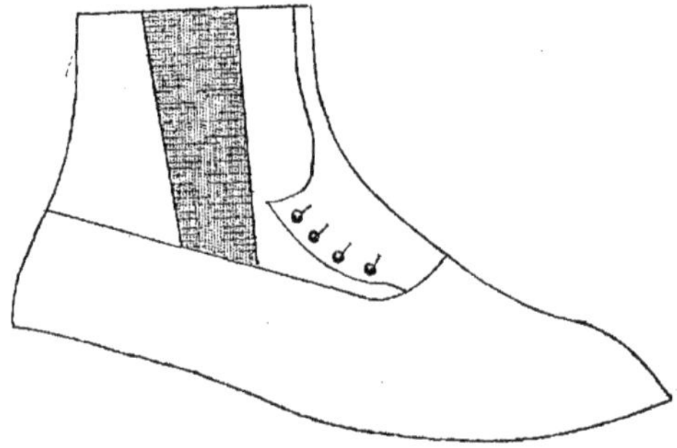

Fig. 23.

la courbe de l'entrée, vous portez dans la direction XY la largeur A de votre patte en haut (Fig. 24), puis vous continuez votre courbe en ayant soin de laisser dépasser la patte d'environ 1 centimètre dessous la claque.

Derby. — Ayant terminé, pour les bottines d'hommes, les différents genres de chaussures, nous allons exposer la théorie du napolitain, ou Derby. C'est la tige la plus difficile à produire de tout le patronage; bien qu'il soit très employé, le Derby a été

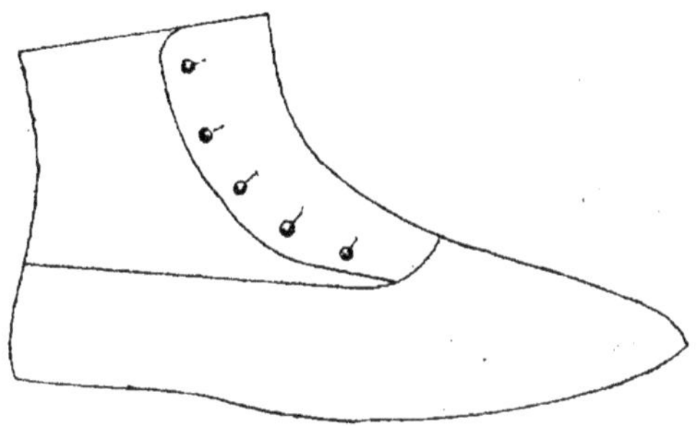

Fig. 24.

rarement réussi par les chausseurs, il manquait une règle fixe permettant d'établir sur n'importe quelle forme un napolitain chaussant. Aujourd'hui, chers lecteurs, je vous fais connaître la bonne

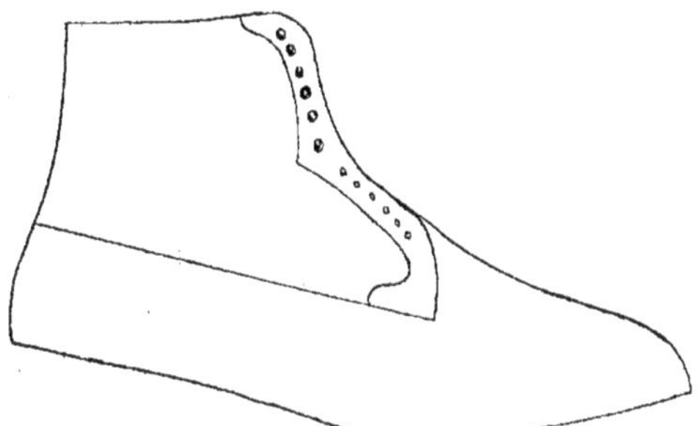

Fig. 25. — Claque d'une pièce Derby

manière, et la seule, d'éviter les plis nombreux qu'occasionne la construction de cette bottine.

En effet, par sa conformation, cette tige est toute différente des autres, n'étant tenue par des piqûres que sur les côtés, elle dévie au montage d'un centimètre en arrière, c'est ce qui fait que pour l'établir, il nous faut créer un corps de toile tout spécial.

La tige doit être portée d'un centimètre plus en avant que

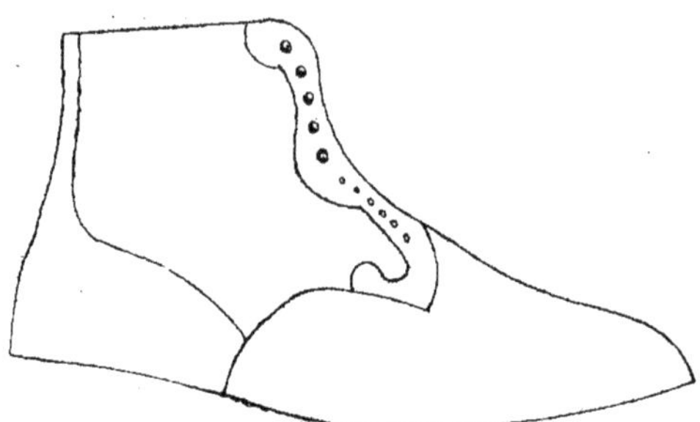

Fig. 26. — Derby avec talonnette.

toutes les autres, c'est-à-dire deux centimètres à droite de la ligne d'équerre, de manière à compenser l'entraînement qui se produit en arrière et de rétablir l'équilibre normal.

La claque du Derby se fait de deux façons : avec talonnette ou avec claque d'une pièce (Fig. 25 et 26), cette dernière se fait de la même façon que celle des bottines ordinaires, bien que, toutefois, au lieu d'évider la claque, on laisse une languette au milieu, comme l'indique le dessin de la figure 27.

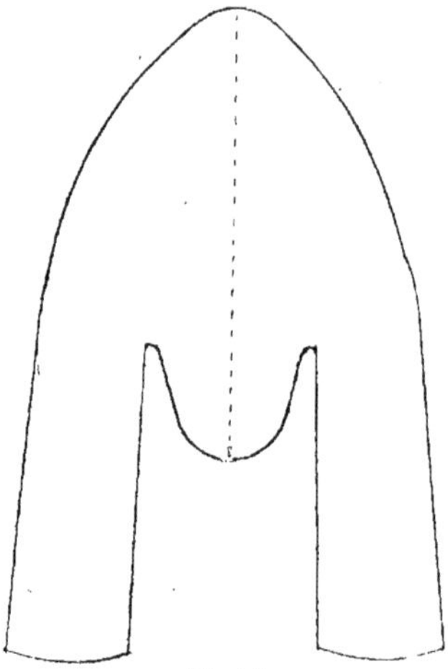

Fig. 27.

Cette partie est laissée pour s'adapter au soufflet qui doit protéger le pied des intempéries, car elle seule ne pourrait remplir cette condition. Ce soufflet doit être parfaitement ajusté, afin de ne pas faire de plis ; la bonne coupe est absolument nécessaire; voici la manière de l'obtenir : Prenez la carcasse du Derby, placez-la sur une ligne droite, de la façon indiquée (Fig. 28), c'est-à-dire laissez 3 centimètres derrière et dessous, ensuite 1 centimètre devant et au-dessus de la ligne, puis tracez le devant du quartier jusqu'à l'entrée E, à partir de ce point, laissez en descendant environ 3/4 de centimètre, puis, enfin, ayant marqué le point d'intersection de votre patron et de la droite, vous le joignez par une courbe à la hauteur que vous voulez donner au soufflet. En fendant la ligne XY vous obtenez en double le grand soufflet du Derby (Fig. 28), celui-ci n'est généralement employé que pour les bottines de chasse. Pour les bottines de ville, on obtient le petit soufflet qui n'arrive qu'à l'entrée, tout en partant du même point où il est représenté sur la figure 29.

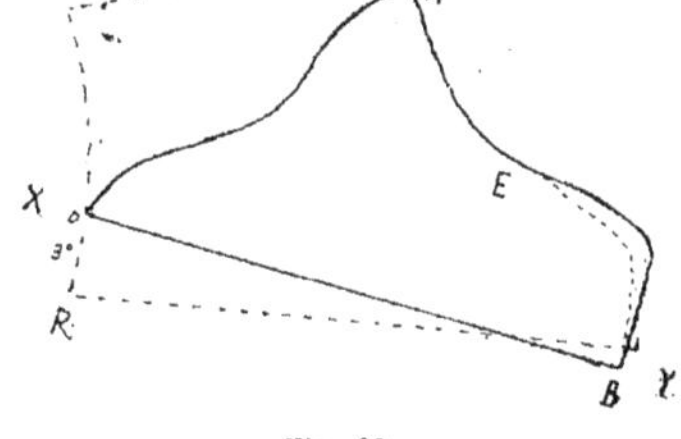

Fig. 28.

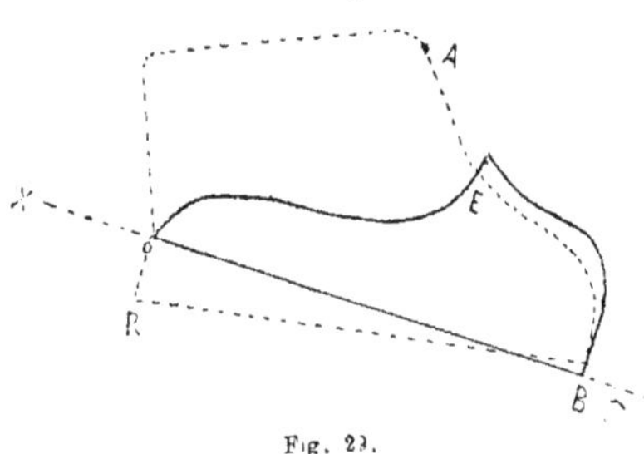

Fig. 29.

Pour compléter cette bottine, il ne manque que le quartier. Le bas de ce dernier, devant se croiser avec l'empeigne, est préalablement coupé et consolidé (Fig. 30), cette partie fatiguant beaucoup a besoin d'être piquée très solidement.

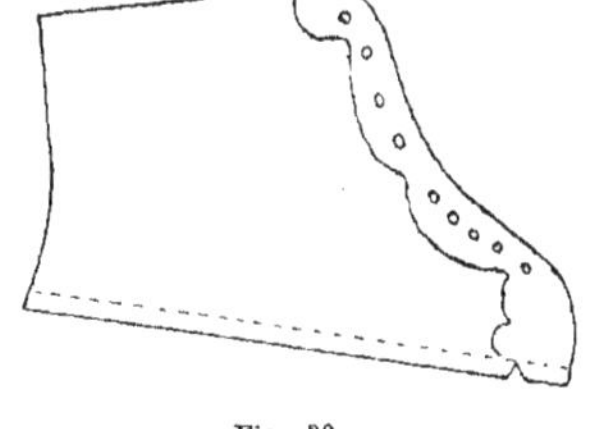
Fig. 30.

Le patron du Derby avec talonnette est beaucoup plus compliqué, mais il est aussi plus élégant ; nous allons en faire la décomposition, c'est-à-dire faire l'empeigne, la talonnette et la carcasse, quant au soufflet il se fait de la même façon que précédemment. — Il faut toujours faire l'empeigne du Derby un centimètre plus haute que la claque ordinaire et l'ouverture du quartier est toujours le tiers de la largeur du patron en cet endroit. La décomposition de ces trois pièces est très facile à faire, les figures seules peuvent la démontrer.. Sur les figures 31, 32 et 33, les doubles tracés sont les parties devant passer dessous pour être piquées. Toutes appliquées les unes sur les autres, ces parties constituent la tige dont je ne veux pas ici vous enseigner la fabrication, nous en parlerons plus loin. L'empeigne du Derby se décompose absolument comme les précédentes, on y ajoute simplement un centimètre environ pour que le quartier, c'est-à-dire la figure 33, s'y adapte parfaitement.

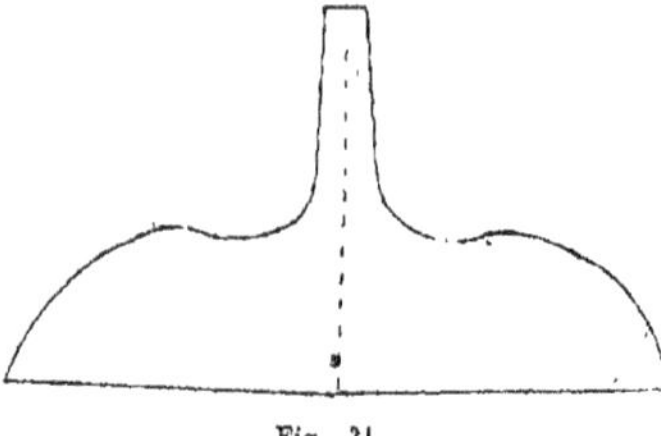

Fig. 31.

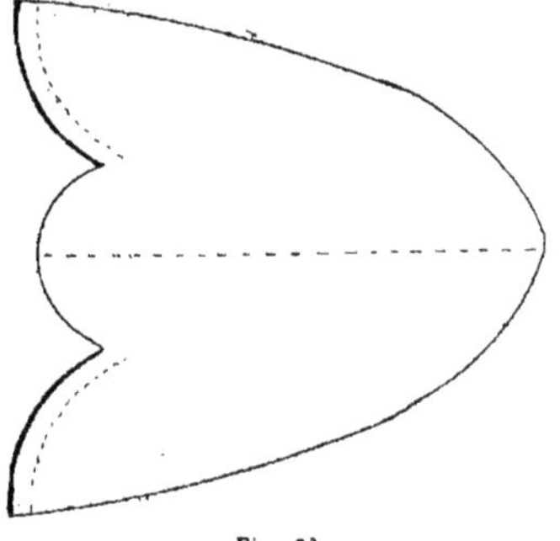

Fig. 33.

Pour reproduire la talonnette, il suffit de tracer une ligne droite joignant le derrière du talon A au haut de la tige B et de relever textuellement le dessin de la talonnette (Fig. 34). Cette partie faite en double et reliée par la ligne droite se cambre d'elle-même pour suivre les contours du derrière de la tige. Le patron obtenu est représenté sur la figure 31.

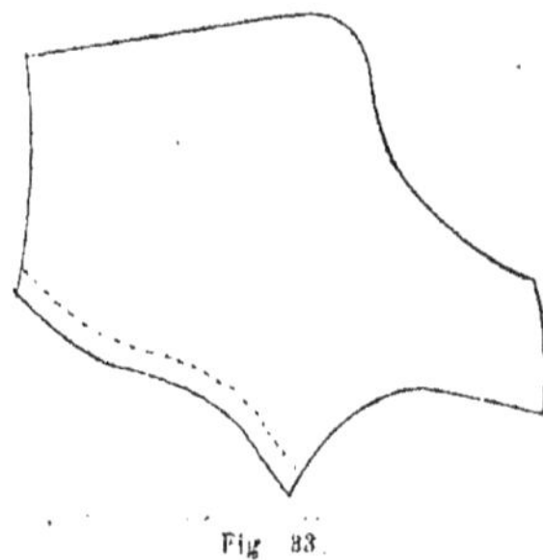

Fig 33

Le patron Derby que je me suis efforcé de tracer clairement sous vos yeux termine la série des bottines modernes pour hommes. Nous allons maintenant aborder

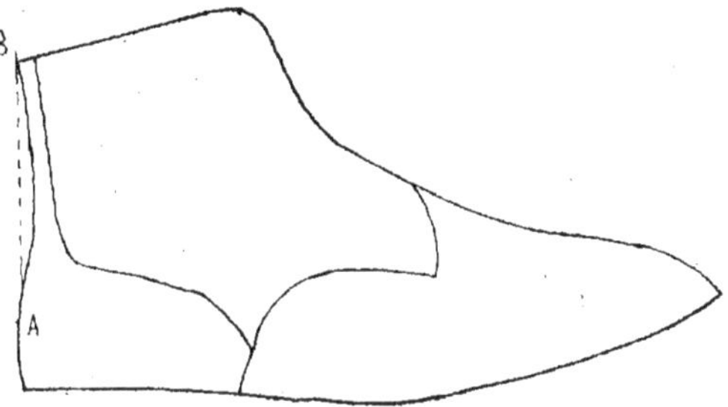

Fig 34.

le chapitre des bottines de dames et nous efforcer d'en faire ressortir la grande simplicité.

Patron de toile sur forme dame. — Le patron de toile sur forme dame diffère beaucoup de celui forme homme, les mesures se prennent tout autrement et exigent une théorie spéciale, mais cette théorie ne présente aucune difficulté bien sérieuse.

Ayant tracé la ligne d'équerre et porté, comme précédemment, la hauteur du talon, nous y ajustons la forme et nous en traçons le galbe en ayant soin de laisser toujours en bas trois quarts de centimètre pour le montage, puis nous portons du talon sur l'équerre, la hauteur que nous désirons donner à notre tige (Fig. 35 et 36); pour la grande botte on met ordinairement de 18 à 20 centimètres et pour la demi-botte de 16 à 18 centimètres, suivant les pointures.

Nous allons nous arrêter un instant sur la théorie de la tombée de la tige : A 18 centimètres le patron touche juste à l'équerre; à 20, il sort d'un demi-centimètre en dehors ; ceci est fait pour compenser l'entraînement que subit cette tige au montage. La théorie s'arrête à 20 centimètres comme hauteur, mais jusqu'à 25 la jambe sort graduellement d'un quart de centimètre par centimètre, Il en est de même au-dessous de 18 centimètres, c'est ainsi qu'à 16, la tige est à 1 centimètre en avant de la verticale. Il y a cependant une exception : au-dessous de 16, c'est-à-dire pour la bottine d'homme, la tombée de la tige reste toujours à 1 centimètre en avant de l'équerre.

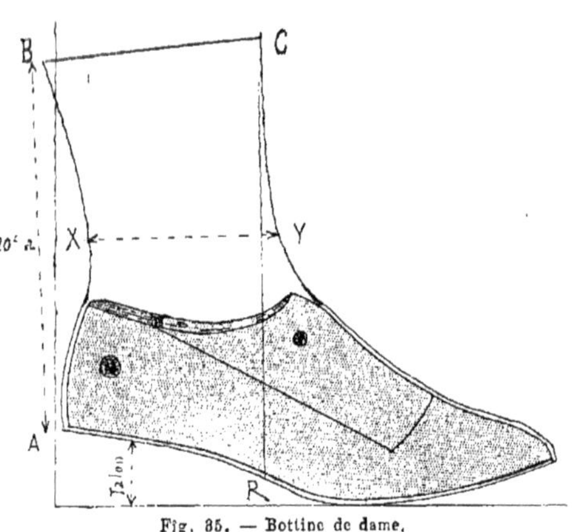

Fig. 35. — Bottine de dame.

Ayant établi la hauteur de la tige, nous portons à partir du point B (hauteur du derrière, fig. 35), de l'arrière à l'avant, la moitié de la mesure de la jambe, puis du point obtenu, nous élevons une perpendiculaire à l'horizontale de l'équerre. Lorsqu'on ne peut pas prendre à la cliente la mesure du bas-mollet, on ajoute pour obtenir ce dernier trois centimètres à la mesure des doigts de pied pour la grande botte et deux centimètres pour la demi-botte. Ce moyen réussit toujours aux pieds ordinaires dans les chaussures de confection. L'horizontale que nous avons tracée plus haut se croise avec la cambrure du patron au point R (Fig. 36), de ce point, en suivant cette ligne, portons la hauteur du derrière, plus trois centimètres, nous obtenons le point C, à l'aide duquel nous pouvons tracer la ligne d'entrée CD.

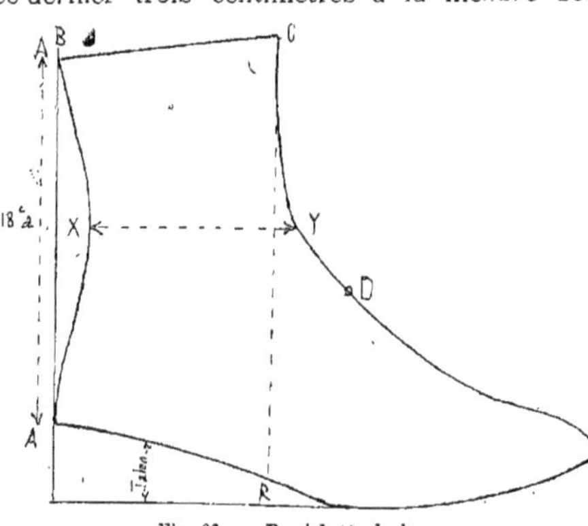

Fig. 36. — Demi-botte de dame.

Nota. — Lorsqu'on fait des talons de bottes de dames dépassant 4 centimètres, on met, au lieu de 3 centimètres, 3 centimètres 1/2 sur le devant de la tige en plus de la hauteur du derrière.

Ceci fait, nous joignons les points B et C (Fig, 36), puis au-dessus de l'entrée, à la place de la cheville, nous portons, de l'avant à l'arrière, dans la direction XY, la mesure de la cliente, ou encore si on n'est pas en possession du pied, la mesure des doigts, qui donne de très bons résultats. Nous obtenons le point Y, par lequel nous faisons passer la courbe de notre modèle.

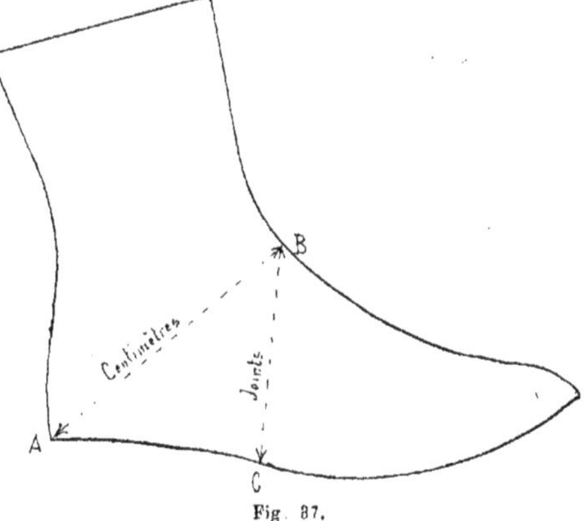

Fig. 37.

Après avoir fait exactement ces quelques tracés, puis ajusté le modèle sur la forme, nous obtenons un patron de toile absolument chaussant, il ne nous reste plus qu'à le décomposer.

Nota. — Pour vérifier la justesse de l'entrée, nous employons le même moyen que pour la bottine d'homme (Fig. 37).

Mise au point des deux patrons pour la série. — La série a pour but d'établir à l'aide de deux patrons, l'un petit et l'autre grand, les modèles proportionnés répondant à toutes les pointures contenues entre les deux types choisis.

Cette méthode ne peut absolument servir que pour les chaussures de confection; les bottiers ne peuvent l'employer, car dans leur clientèle, ils rencontrent rarement un client ayant des pieds normaux se ressemblant parfaitement..

La série s'adresse donc aux industriels produisant les chaussures destinées aux pieds dont on ne prend aucune mesure. Je vais essayer de bien vous démontrer la manière d'obtenir une série parfaitement juste avec la plus grande simplicité. — Ayant deux formes faites spécialement pour la série, c'est-à-dire jouissant de mesures proportionnelles, faisons sur chacune d'elles un patron de toile très régulier en ayant soin de changer suivant les pointures de nos deux formes les hauteurs des tiges derrière, puis ayant vérifié au coup-d'œil la ressemblance des deux modèles obtenus, nous nous préparons à rechercher ce qu'on appelle les points de repère. En voici la définition : Ce sont des points situés sur une ligne courbe aux endroits où les tracés de nos deux planches cessent d'être parallèles. On se sert donc de ces points pour appareiller deux modèles, ce qui serait beaucoup plus difficile de faire à l'œil.

Nota. — Plus on trouve de points de repère sur un modèle, plus on est sûr d'obtenir de bons résultats, le nombre de ces derniers sur une courbe ne doit jamais aller au-dessus de trois, qu'il s'agisse de n'importe quelle ligne. Dans la série des bottes de dames, on met au talon du grand pied un demi-centimètre de plus qu'au petit, dans la série d'hommes on ne tient pas compte de ce détail.

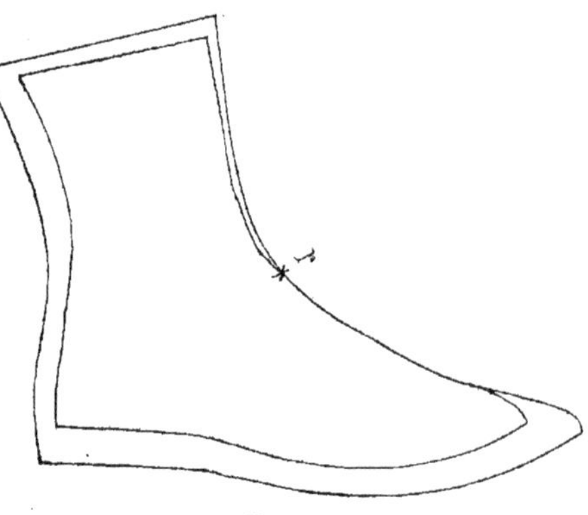
Fig. 38.

Pour obtenir les points de repère, prenons les deux patrons, puis ajustons le devant du grand sur celui du petit, en laissant dépasser le haut de la tige du grand de la moitié de l'intervalle qui existe entre eux, comme le montre la figure 38, puis vous remarquez que les lignes des deux patrons se suivent parallèlement jusqu'en un point situé près de l'entrée; avec une pointe fine (on se sert ordinairement d'une alène), vous marquez alors ce point qui vous servira pour en obtenir un second.

Les lignes ne s'accordant plus, vous remontez graduellement le grand patron sur le petit, jusqu'à ce que vous soyez en présence de deux parallèles dont vous marquez encore la terminaison, puis opérez ce mouvement jusqu'au bout du modèle.

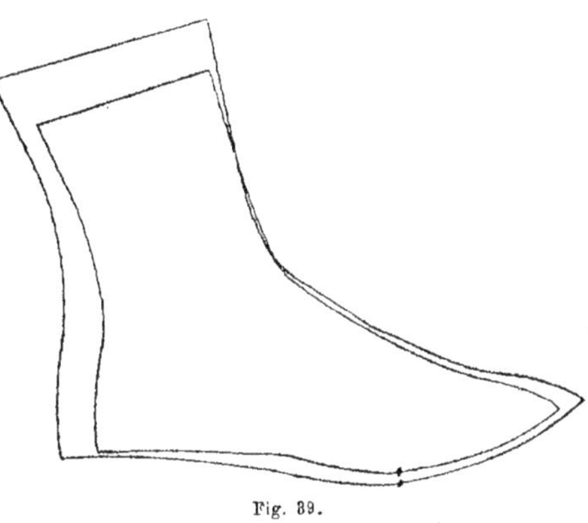

Fig. 39.

Là, vous prenez alors la position de la figure 39, toujours en laissant dépasser celui qui est dessus, puis vous continuez le même exercice jusqu'au talon.

Vous changez encore une fois de position pour prendre celle de la figure 40, puis vous arrivez en haut du patron ; mais, sur une ligne droite on ne peut jamais trouver de points de repère ; vous avez donc fini d'appareiller les deux modèles, en marquant bien les points trouvés, vous passez à l'exercice suivant.

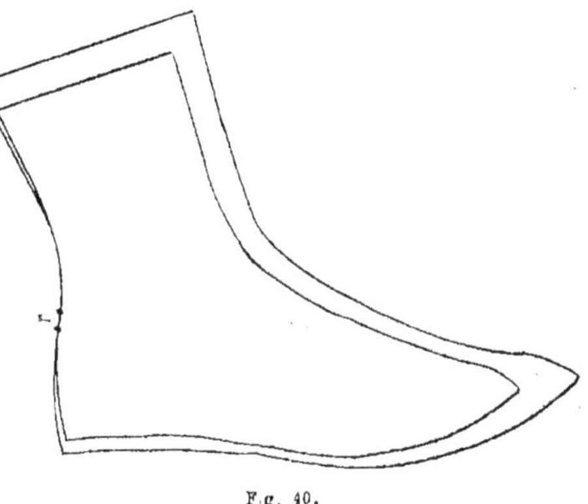

Fig. 40.

Échelle de division. — Connaissant le nombre de pointures contenues dans votre série, y compris le grand et le petit patrons, nous faisons sur une feuille de carton autant de divisions qu'il y a de pointures à reproduire, puis, prenant le milieu de la longueur formée par toutes les parties réunies, nous élevons une perpendiculaire à la droite sur laquelle repose nos divisions.

Nota. — La largeur de ces divisions est absolument quelconque, le lecteur peut la faire à son gré. Sur la droite obtenue, prenons un point quelconque et joignons-le à toutes les divisions de notre échelle, nous obtenons ainsi un triangle dont la base est divisée en plusieurs parties égales. Elevons une perpendiculaire à chacune de nos divisions extrêmes et divisons ces deux lignes en autant de millimètres qu'elles en peuvent contenir. Pour obtenir l'échelle de division, nous n'avons qu'à joindre à l'aide d'une alène les millimètres que nous avons tracés, en ayant soin de le faire très régulièrement, car toute la réussite de la série dépend de ce petit travail (Fig. 41).

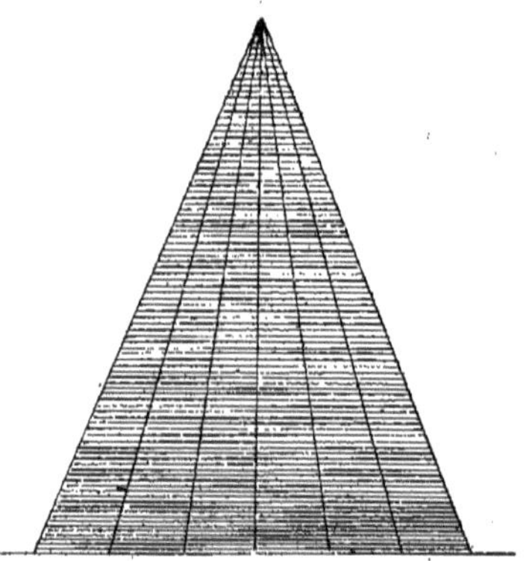

Fig. 41. — Echelle de division.

Division et Clichage des patrons de toile. — Nous venons d'établir tous les instruments nécessaires pour obtenir une série parfaite, il nous reste maintenant à bien les ajuster et à les faire fonctionner.

Avant de relever la série sur carton, il nous faut d'abord faire le cliché, c'est-à-dire le dessin de tous les patrons qu'il nous faudra relever plus tard. Sur une feuille de carton, tracez d'abord le grand patron de toile, puis, dans ce grand patron, placez le petit, de manière à conserver entre leurs contours une distance assez grande pour les divisions (Fig. 42).

Nota. — L'écartement des deux extrêmes ne doit pas dépasser la largeur de la base de l'échelle, sinon toute division serait impossible.

Faites ensuite un point de repère à tous les angles des patrons, prenez ensuite l'échelle de division destinée à vous faire sortir les modèles jusqu'alors inconnus. Dans le nombre infini des droites de cette échelle, il en existe une qui peut joindre parfaitement deux points de repère du cliché, vous ajustez une extrémité de cette droite sur un point et l'autre extrémité sur l'autre point, puis aux endroits où cette droite est coupée par les lignes de divisions, vous marquez le point avec l'alène; ceci vous donne une quantité de points désignant toutes les pointures de patrons que vous voulez obtenir. Cet exercice fait également entre tous les points de repère, vous n'avez plus qu'à joindre à l'aide du grand patron toutes ces petites piqûres, et vous obtenez un cliché régulier dont vous n'avez qu'à reproduire les points pour obtenir les modèles cherchés (Fig. 43).

Fig. 42. — Position des deux patrons pour le cliché.

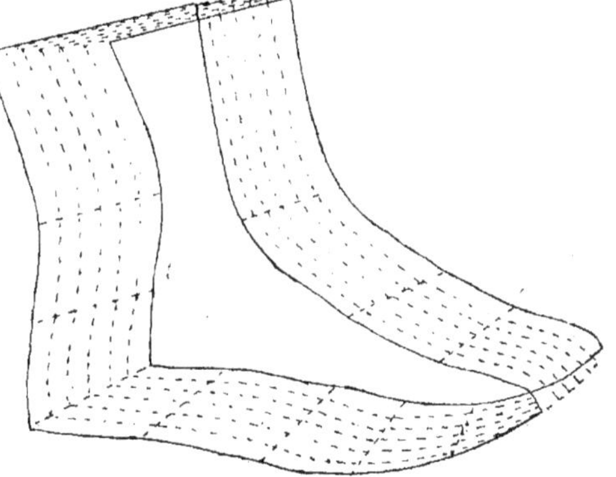

Fig. 43. — Clichage de patrons de toile.

Levée de la série. — Cette excellente méthode permet non seulement d'obtenir une série de patrons de toile, mais elle sert aussi à produire des séries de carcasses, de claques, de pattes et d'élastiques.

Lorsqu'on veut faire une série complète de bottines, c'est-à-dire en reproduire toutes les parties, la première chose à faire est de décomposer simplement les patrons de toile. Pour la carcasse, les points de repère du haut et des côtés sont tout trouvés, nous n'avons qu'à appareiller par le système indiqué plus haut le bas de nos deux patrons et à relever comme précédemment le cliché des modèles que nous voulons obtenir (Fig. 44).

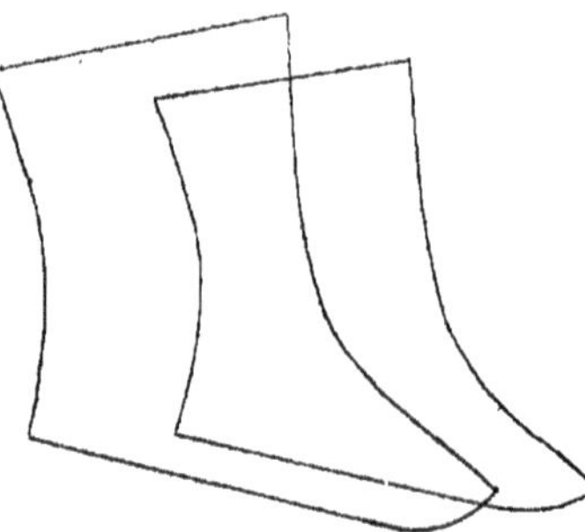

Fig. 44. — Clichage des carcasses.

Il nous faut faire une petite remarque pour la série des claques. Comme il serait très difficile de faire sur cliché des claques entières, on les coupe par milieu, on les dessine simples et en les relevant on les fait doubles sur carton (Fig. 45).

Sauf ce petit détail, la série des claques se fait absolument comme les précédentes séries.

Quant aux séries de pattes droites et d'élastiques, on ne peut faire sur elles aucune remarque exceptionnelle, elles se produisent identiquement aux autres (Fig. 46 et 47).

Nota très important. — Afin d'obtenir de très bons résultats comme séries, il est indispensable de couper régulièrement le carton et de passer légèrement du papier de verre, pour unir parfaitement les contours.

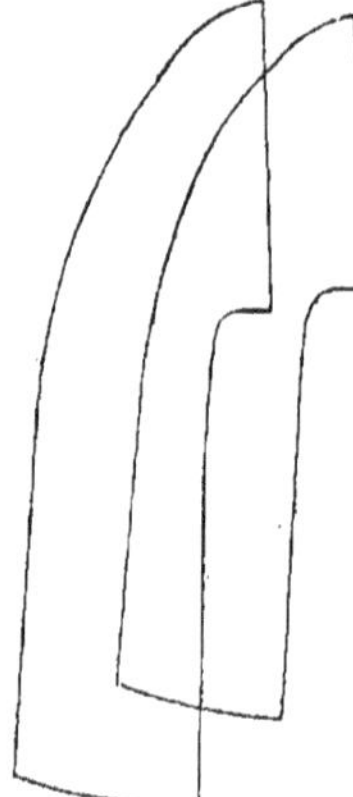

Fig. 45.
Clichage des claques.

Pattes à dents et pattes droites. — Ayant obtenu sans difficultés le patron de toile pour dames, nous allons nous occuper de sa décomposition. La patte droite, c'est-à-dire la patte ordinaire s'obtient de la même façon que celle des bottines d'hommes. En voici le principe :

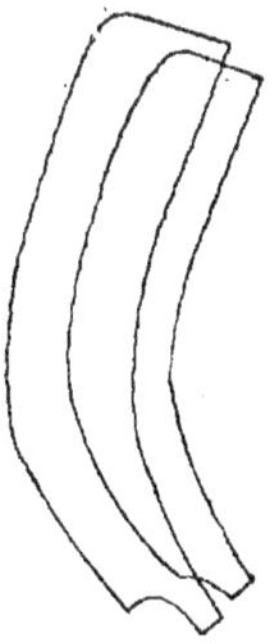

Fig. 46. — Clichage de pattes droites.

Divisez le haut de la jambe en deux parties égales; une de ces parties moins un demi-centimètre sera la largeur de la patte, mais il nous faut aussi enlever un demi-centimètre sur le devant de la tige; ceci pour empêcher la patte de goder. Nous avons fait la théorie du bridage pour la patte à boutons d'hommes, pour celle de femmes cette théorie n'existe plus, car au-dessus de 7 boutons le bridage ne diminue plus, il reste stationnaire à un demi-centimètre. Les bottines de dames ayant généralement plus de 7 boutons, on supprime donc toujours un demi-centimètre sur le devant de la jambe (Fig. 48).

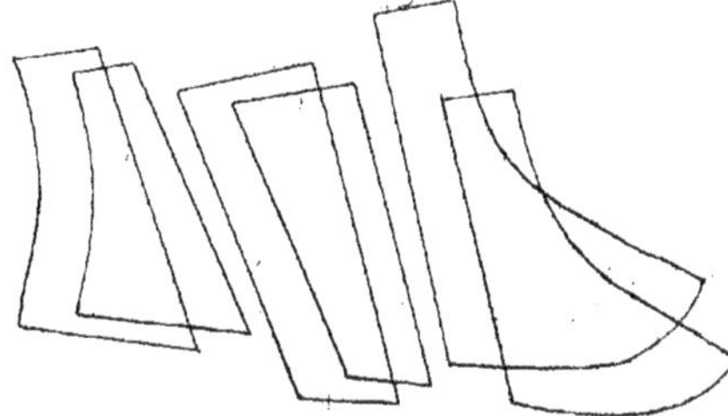

Fig. 47. — Clichage d'élastiques.

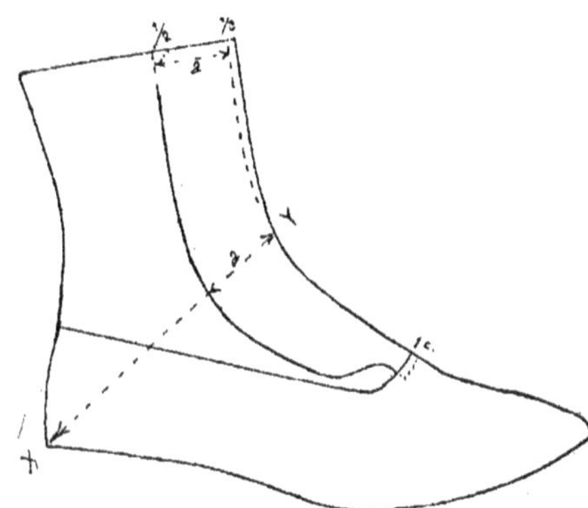

Fig. 48. — Construction de la patte droite.

Ceci fait, en partant du commencement de la courbe de l'entrée, vous portez dans la direction XY la largeur a de votre patte en haut (Fig. 48), puis, enfin, pour terminer, vous continuez votre courbe en ayant soin de laisser dépasser la patte environ 1 centimètre au-dessous de la claque où elle doit être piquée.

La forme de la patte droite pour dames diffère un peu de celle pour hommes, cette dernière n'a en bas aucun dégagement et se termine par une ligne droite; pour celles de dames, au contraire, on doit s'appliquer à accentuer cette échancrure qui donne, lorsqu'elle est bien faite, un genre élégant et gracieux au patron.

Nota. — Pour la patte de dames comme pour celle d'hommes, la courbe du bridage ne doit jamais arriver jusque sur l'entrée, elle doit s'arrêter au moins à un centimètre au-dessus.

De la patte droite, nous faisons dériver plusieurs fantaisies dont la patte à dents est la principale; voici la manière de l'obtenir :

Tracez la patte ordinaire en ajoutant un demi-centimètre de plus que la largeur habituelle, ceci pour compenser une partie de ce que les dents prennent en profondeur; puis, partant de cette nouvelle droite, portez la profondeur des dents que vous désirez, (elle est ordinairement de deux centimètres), et tracez par ce point une parallèle à la courbe de la patte (Fig. 49). La dernière dent en haut de la patte se finit par une petite courbe dessinée au goût du chausseur. On mesure la longueur de la ligne qu'on vient de tracer à l'aide d'un centimètre en toile, puis, comme toutes les dents doivent avoir entre elles un intervalle d'un millimètre, on supprime de la longueur obtenue autant de millimètres qu'il y a de séparations dans la patte, la mesure qui nous reste étant divisée par le nombre de dents nous donne juste leur largeur. Ces petits calculs opérés, nous portons ces mesures sur la ligne courbe AB (Fig. 49); puis, sur un morceau de carton, nous dessinons une dent ayant absolument les mêmes mesures que celles que nous nous proposons d'obtenir (Fig. 50), nous la découpons et à l'aide de ce petit patron nous reproduisons exactement les dents de notre patte en laissant naturellement un millimètre d'intervalle (Fig. 50). Ceci fait il ne nous

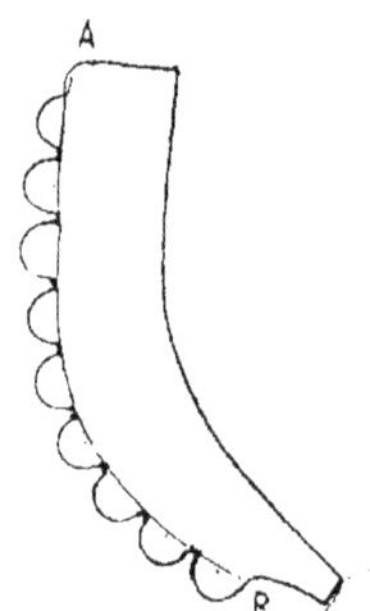

Fig. 49. — Patte à dents.

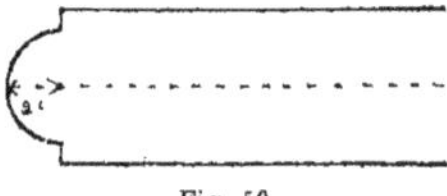
Fig. 50.

reste plus qu'à découper les dents et nous avons une patte élégante dont la construction ne nous a donné aucun mal.

Claques rondes et carrées en deux parties. — Avant d'énoncer la manière d'obtenir une claque ronde de botte pour dames, nous allons nous occuper de la claque carrée.

Pour ceci, nous employons le même système que pour la claque d'hommes ; prenons sur l'avant-pied en partant du bout la hauteur que nous voulons lui donner, puis de ce point, dans la direction AA' prenons le tiers de cette longueur (Fig. 51), nous obtenons ainsi le point B que nous joignons à B' hauteur du contrefort, qui est de cinq centimètres et demi pour le petit pied et de six centimètres et demi pour le grand.

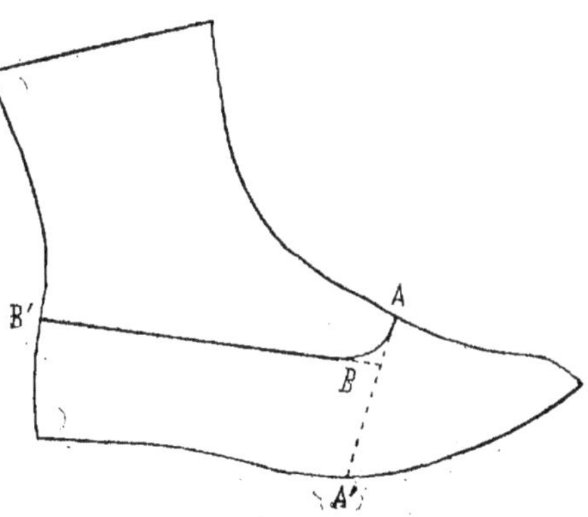

Fig. 51. — Construction de la claque carrée.

Joignons ensuite le point A au point B par une courbe dont la vraie place n'est pas établie et nous pouvons avec ces simples tracés obtenir la claque double, c'est-à-dire entièrement terminée. Placez le patron sur une ligne droite comme la figure 52 vous l'indique, tracez le bout de la claque jusqu'aux flancs, mais il est indispensable d'ajouter ce qu'on appelle le bridage, ce qui empêche de goder les côtés de la tige ; nous l'obtenons de la manière suivante : Faites basculer le patron de toile sur la ligne droite de l'avant à l'arrière, sa pose naturelle est celle de BR, le bridage obtenu le remonte en BF et nous donne ainsi une claque qui, en allant très bien, se trouve fermée derrière et, par conséquent, plus économique à la coupe. Il faut bien tenir compte de cette remarque : ne jamais trop donner de bridage au verni et au poulain, sinon le montage devient très difficile et les plis ne peuvent plus passer sur les flancs. Comme pour les bottines d'hommes, le bridage rationnel est de un centimètre et demi ou deux centimètres pour le veau et de un centimètre au plus pour le verni. Pliez ensuite le patron suivant la ligne AB, relevez en double la figure 52 et pour terminer, il ne vous reste qu'à raccourcir la claque derrière de trois quarts de centimètre suivant XY, ceci pour le veau et de un demi-centimètre pour le verni, car on ne peut pas trop compter sur l'apprêt de cette peau. Cette remarque est indispensable, sinon au montage sur forme la claque deviendrait beaucoup trop découverte. La figure 53 nous donne la claque d'une seule pièce entièrement finie.

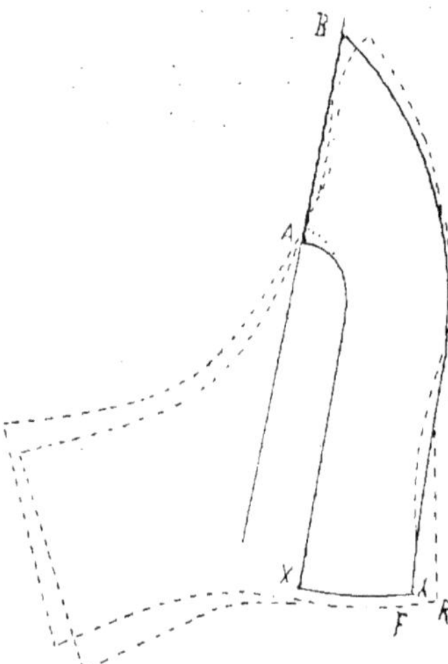

Fig. 52. — Claque carrée.

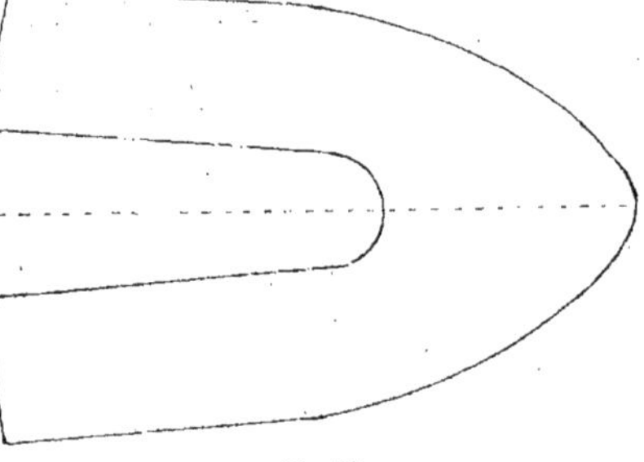
Fig. 53.

La claque carrée en deux pièces s'obtient d'après la précédente manière, le meilleur moyen d'obtenir la coupure séparant les deux parties est le suivant :

Connaissant sur le bas du patron, l'endroit où arrive la queue du talon Louis XV, vous obtenez le premier point de votre droite en partant un centimètre en avant de cet endroit; ce point est presque toujours placé au milieu de la cambrure (Fig. 54). Pour obtenir le second, vous n'avez qu'à porter sur la droite de la claque la longueur FR', plus un centimètre, puis joignez ces deux points par une ligne droite divisant la claque en deux parties que vous n'avez plus qu'à relever. La jointure B'F de la talonnette (Fig. 54) est remplacée par une ligne droite qui se cambre parfaitement au montage (Fig. 55).

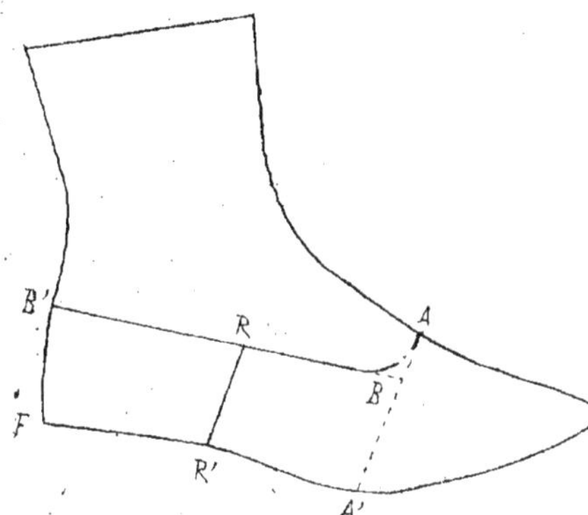

Fig. 54. — Construction de la claque carrée en deux pièces

Pour obtenir la claque ronde, nous n'avons qu'à faire simplement quelques modifications. Nous arrondissons à notre goût la partie BRR' (Fig. 56)

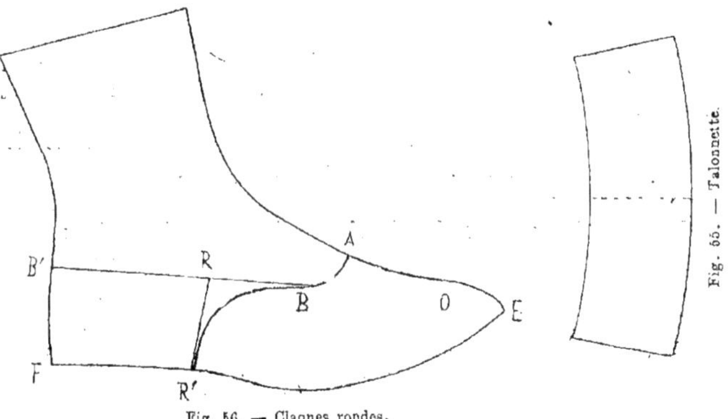

Fig. 56. — Claques rondes.

Fig. 55. — Talonnette.

en ayant soin de faire une courbe continue ne présentant aucune aspérité. Nous la relevons ensuite de la manière suivante :

Traçons une ligne droite, faisons-la coïncider avec les points A et O de notre patron (O marque l'épaisseur du bout), puis relevons la courbe que fait l'empeigne du bout E aux flancs; ceci fait, pour obtenir le bridage que nous désirons, faisons pivoter le modèle avec le point A comme centre, mettons le bridage voulu entre le bout et la ligne droite, et, pour terminer, traçons entièrement les contours de notre claque (Fig. 57). Mais notre empeigne présente alors un grand défaut, il faut le supprimer; si nous la relevons ainsi, elle formera au point A un creux très prononcé que nous pouvons éviter en ajoutant un peu de carton à la gorge pour qu'elle forme, une fois relevée, une courbe absolument régulière, comme l'indique la figure 58. Comme pour les autres claques, il nous faut aussi, en détachant le dessin du carton, diminuer les flancs légèrement, ceci pour compenser la marchandise que nous avons de trop entre les points A et O de notre modèle.

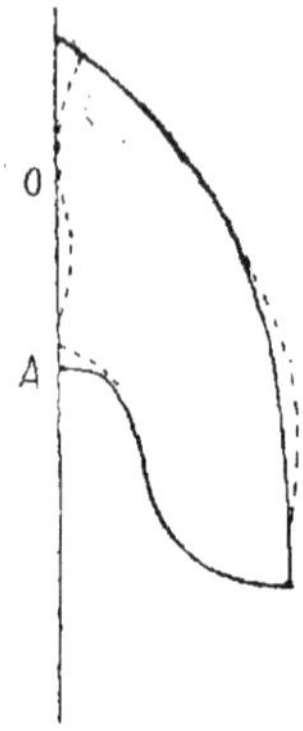

Fig. 57.
Claques rondes.

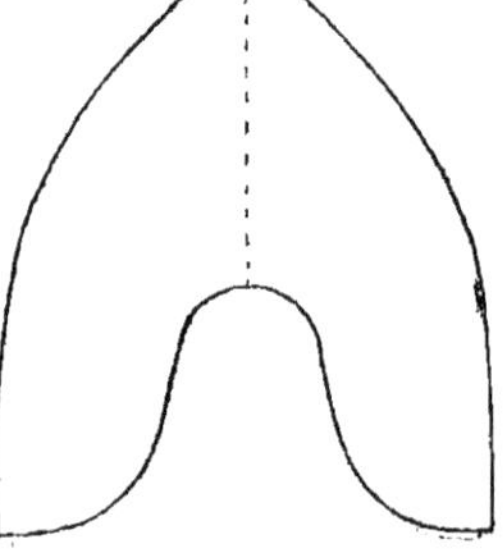
Fig. 58. — Claque ronde terminée.

Tout ceci fait justement nous donne une claque ronde dont nous pouvons nous servir sans aucun embarras.

Patrons de souliers décolletés et Louis XIV. — Connaissant entièrement les différents genres de bottines et leur exacte construction, nous pouvons sans peine aborder le chapitre des souliers, beaucoup plus simple, quoiqu'un peu différent. Quel que soit le genre de souliers que l'on désire, il faut toujours en créer le gabarit, c'est-à-dire habiller la forme.

De tous lès souliers dont je vais exposer la théorie, le décolleté peut s'appeler le plus simple.

Décolleté 2 pièces. — Pour avoir un soulier en deux pièces, empeigne et quartier, vous partagez en deux parties le patron plan, la ligne de séparation doit passer au milieu de la cambrure et la couture doit toujours aller de l'arrière à l'avant comme la figure 59 vous l'indique.

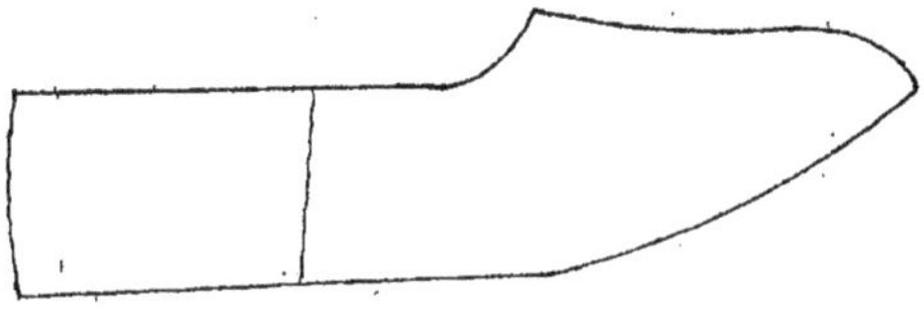

Fig. 59

Après cette opération, vous tracez votre moitié d'empeigne sur une ligne droite et vous la relevez comme les précédentes, vous obtenez ainsi la figure 60, puis vous faites la même opération pour le quartier qui équivaut à la talonnette d'une bottine claquée autour en deux pièces, vous obtenez la figure 61. Ce genre de soulier se fait surtout en feutre ou en drap.

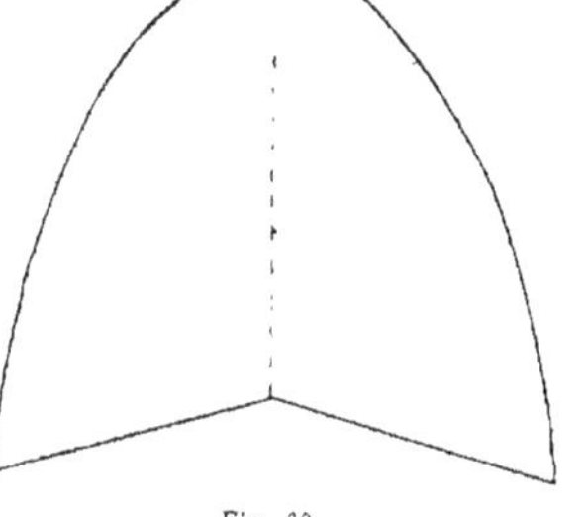

Fig. 60.

Décolleté, 1 pièce. — Le soulier décolleté en peau se fait surtout d'un seul morceau avec couture derrière; en prenant le gabarit créé pour le soulier précédent, vous faites la même opération que pour la claque d'un seul morceau, en ayant soin de donner beaucoup plus de bridage qu'à l'ordinaire.

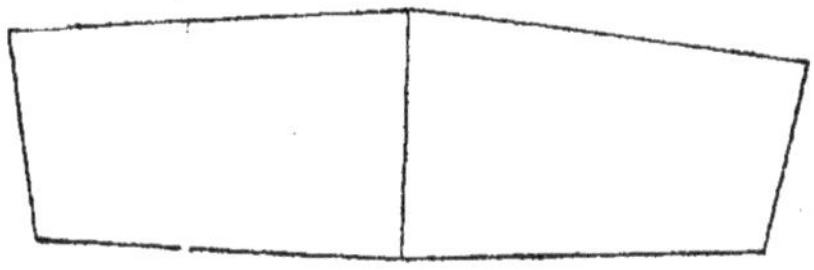

Fig. 61.

Il faut avoir, pour ce genre de soulier, des formes appropriées; il en existe un système se partageant en deux morceaux, elles sont justement appréciées, car elles ont une grande utilité dans la fabrication de l'escarpin (Fig. 62). Grâce à elles, le renformage se fait sans difficultés, sans forçage ni détérioration. Les maisons de confection emploient beaucoup ce genre de formes, car elles empêchent de faire au soulier le godage qu'on y trouve bien souvent. — La figure 62 montre la confection de ces formes; les deux pièces glissent l'une sur l'autre à l'aide d'une

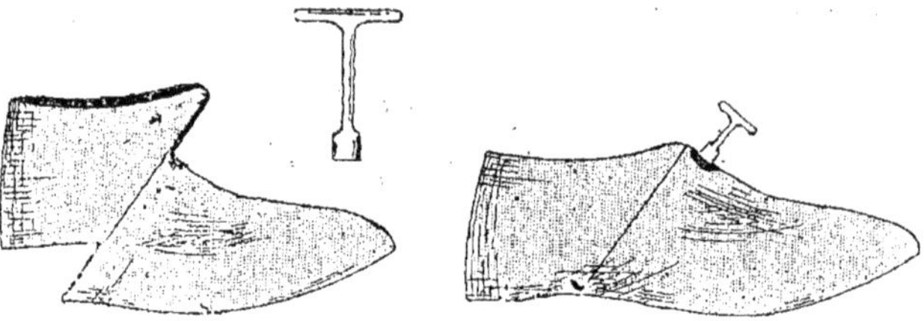

Fig. 62.

mortaise, une vis placée sur le cou-de-pied permet de baisser ou lever le derrière de la forme sans aucune difficulté.

Richelieu. — Passons maintenant au soulier Richelieu, le plus pratique et aussi le plus courant, à lacets ou à boutons; il peut se faire d'une seule pièce dans les deux genres. En voici la construction :

Prenez une forme, tracez-en les contours comme pour une bottine ordinaire; ici l'équerre est sans utilité, car elle ne sert que pour établir la tombée des tiges; il est indispensable de laisser les cambrures larges et de faire faire le bateau au patron, c'est-à-dire de faire juste derrière et devant sous le bout et le talon. Pour qu'un soulier Richelieu soit chaussant, il est indispensable de lui donner beaucoup de bridage pour le faire coller parfaitement sur la forme; on obtient ces résultats en se servant du moyen suivant : En traçant le gabarit de la forme, au lieu de laisser le montage sur toute la longueur, on ne le laisse que sous la plante; le bout et le derrière du patron doivent être justes à la forme. Mais la largeur qu'on supprime en bas doit être rap-

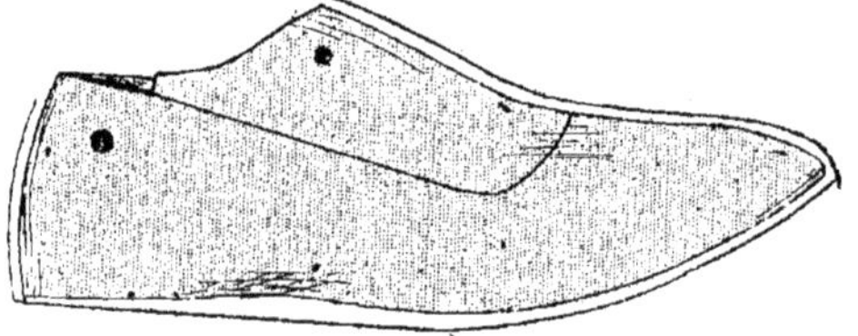

Fig. 63. — Patron de soulier.

portée en haut, c'est pourquoi on doit faire le cou-de-pied de trois quarts de centimètre plus large ainsi que le bout. Au montage sur forme, la marchandise laissée au cou-de-pied et au bout descend pour être clouée, le mouvement produit fait brider toutes les parties du soulier et le fait coller irréprochablement de tous les côtés (Fig. 63).

Ceci fait, il faut échancrer le patron; le décolletage ne doit jamais monter plus haut que l'entrée, mais il peut descendre beaucoup plus bas; on arrive même à faire des souliers Richelieu à deux œillets. Quant à la hauteur de l'empeigne, elle est absolument variable et suit les goûts des clients, cependant les claques hautes sont préférables à cause des coutures, qui, dans les claques basses, peuvent gêner le pied, car elles passent juste sur les doigts. Il ne manque plus au soulier qu'un garant fantaisie pour renforcer et maintenir les œillets; on en fait de toutes les formes, le dessin n'ayant aucune importance (Fig. 64).

Fig. 64. — Soulier Richelieu.

Caméléon. — Je vous donne ici la construction d'un soulier Richelieu d'une seule pièce, très apprécié par les personnes ayant les pieds sensibles; il supprime les coutures des côtés, chausse très bien et offre à la coupe une grande économie, Dans les maisons de confection, on a baptisé ce soulier du nom de Caméléon. Je le recommande particulièrement aux personnes sensibles, car il ne présente rien qui puisse occasionner la moindre souffrance La doublure se fait toujours en peau avec surjet, comme pour la toile d'une bottine et, afin de donner au soulier un genre plus élégant et de le raccourcir à l'œil, on simule la claque à l'aide d'une piqûre et on obtient une chaussure gracieuse et commode à la fois. Voici la manière de s'y prendre :

Ayant le patron de toile ordinaire, dessinez-y le garant à votre goût (Fig. 65), détachez-le du carton, puis appliquez le modèle sur une ligne horizontale dans la position de la figure 66, pliez ensuite le patron avec la ligne droite comme axe et vous obtenez la fig. 67. Le garant (Fig. 68) devant passer sous le soulier pour y être cousu, doit être muni des

Fig. 65.

coutures que demande ce croisement, on l'applique donc sur la figure 67 et on a terminé le modèle du Caméléon.

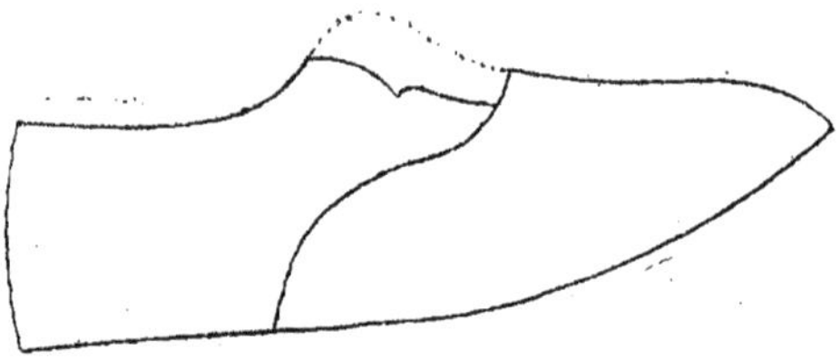

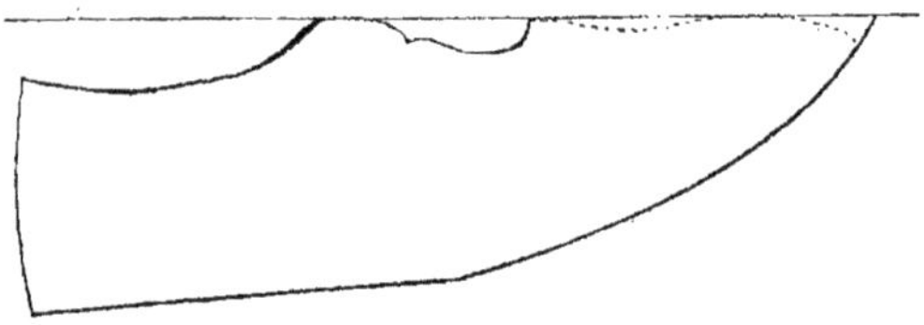

Fig. 66.

Quant à la doublure, elle comprend différents genres; elle peut être faite en deux parties, couture au milieu, ou, si l'on veut, on peut faire le devant en toile, le patron de doublure se fait alors comme le Richelieu, avec empeignes.

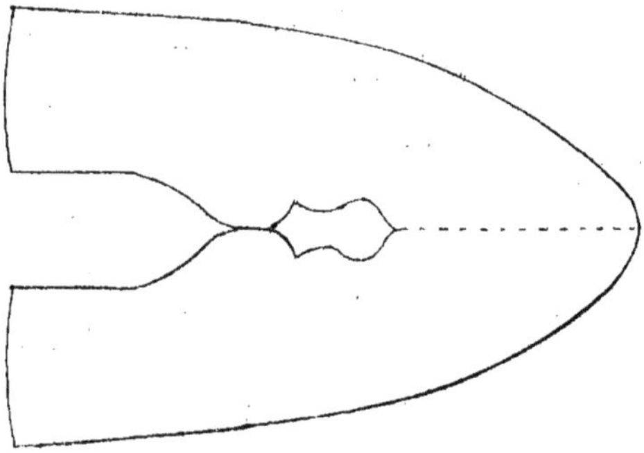

Fig. 68. Garant rapporté.

Fig. 67. — Soulier d'une pièce.

Molière. — Passons à la démonstration du soulier Molière classique; tout le monde le connaît, bien qu'il ne soit pas pour cette raison, fabriqué irréprochablement. Comme toutes les chaussures cambrées (la patte se cambre sur le cou-de-pied) il doit être coupé le plus régulièrement possible et fait sur des formes à souliers ayant un demi-centimètre de plus que la pleine mesure au cou-de-pied. On l'obtient de la manière suivante :

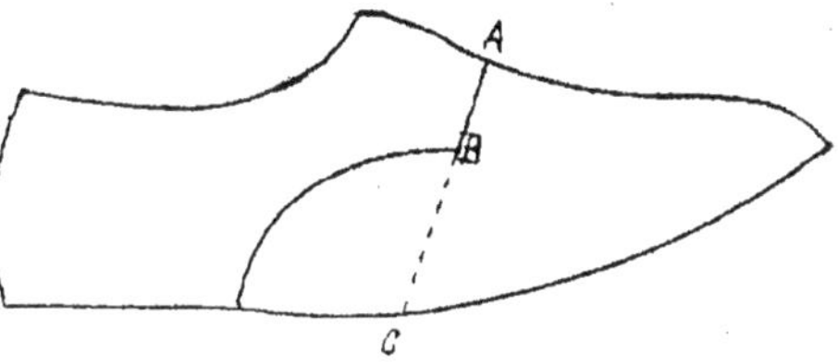

Fig. 69. — Construction du soulier Molière.

On se sert toujours du patron de toile ordinaire, bien qu'au Molière on mette un centimètre de plus comme hauteur de quartier derrière, puis à un centimètre au-dessus de la hauteur de claque habituelle, on commence à dessiner l'empeigne; sa gorge est toujours le tiers de la largeur des doigts aux flancs (Fig. 69); elle diffère de l'empeigne du Richelieu en ce que la partie AB est complètement droite; pour le reste, on arrondit de la même façon que précédemment.

Le quartier doit toujours être laissé assez large pour supporter quatre œillets; il faut donc que ce soulier soit très couvert.

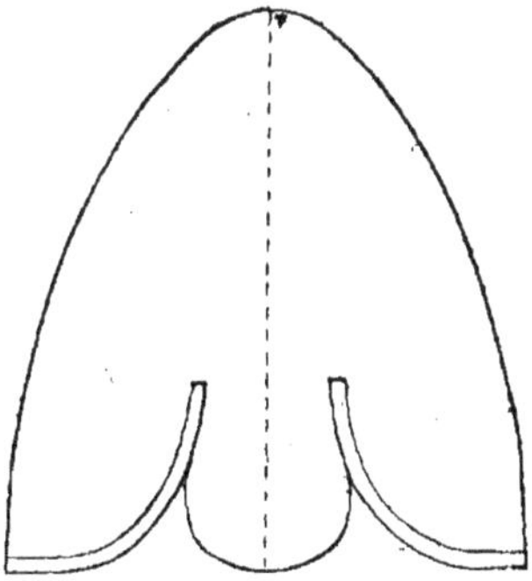

Fig. 70. — Claque de Molière.

Ayant le patron de toile, il nous reste à relever les parties qui le composent; le quartier se relève textuellement sans rien ajouter, l'empeigne doit avoir pour son croisement avec la carcasse, la largeur habituelle qu'on met pour une couture à partir du point B. La grande languette qu'exige le Molière fait partie de l'empeigne, on lui donne le genre qu'on désire, à condition qu'elle monte très haut et se cambre sur le cou-de-pied (Fig. 70).

Nota. — Les mesures les plus employées pour les hauteurs

d'empeignes de souliers Molière sont de 10 centimètres pour la pointure 34 et de 12 centimètres pour la pointure 41.

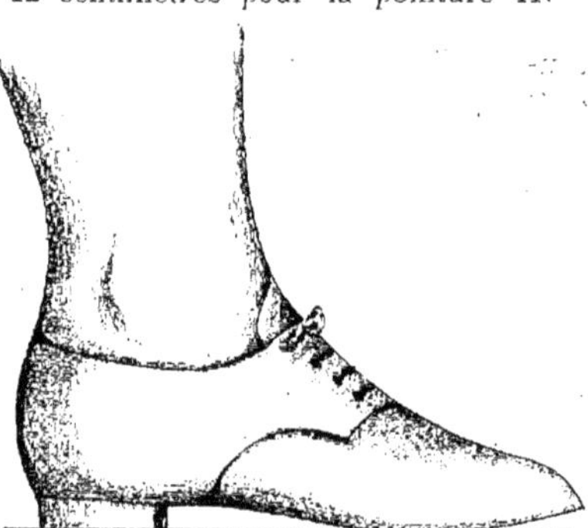

Fig. 71. — Soulier Molière.

Demi-Molière. — De ce dernier genre de soulier, nous tirons le demi-Molière à peu près semblable au précédent, toute la différence qui existe entre ces deux types est que la languette doit monter bien haut et qu'il ne possède qu'un œillet. En raison de sa souplesse,

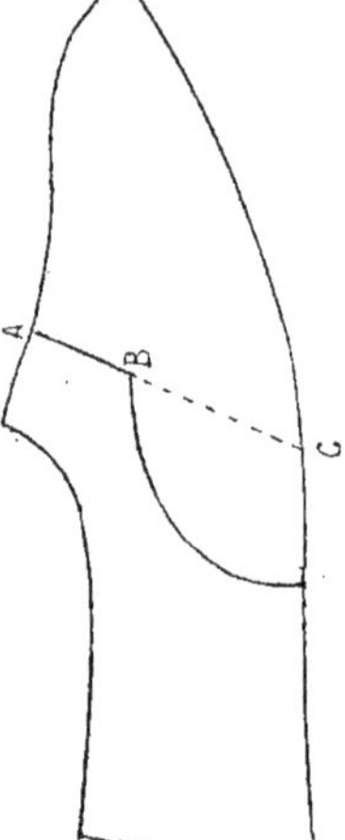

Fig. 72. — Construction du soulier Molière.

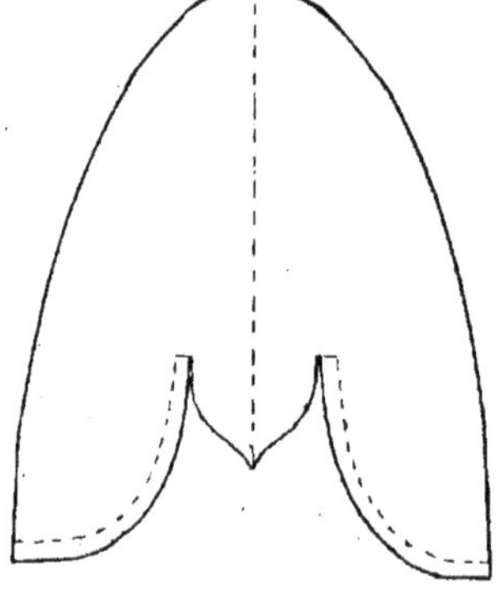

Fig. 73. — Claque de demi-Molière.

ce soulier n'est guère porté que dans les soirées ou par les garçons de café.

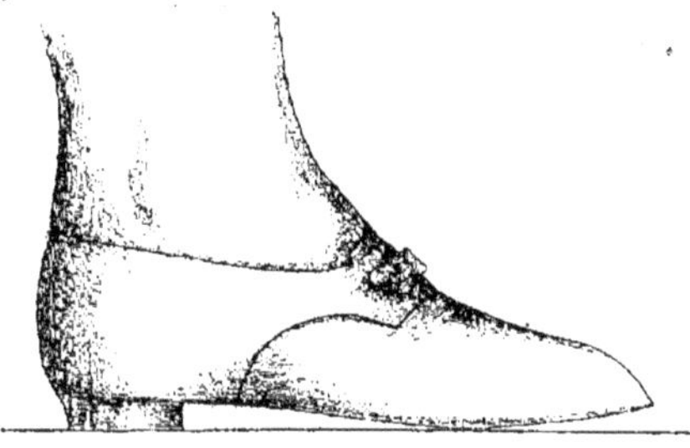

Fig. 74. — Soulier demi-Molière.

En dehors des quelques remarques que nous avons faites au début, il n'existe plus rien à signaler, la construction du patron se fait comme la précédente et nous obtenons comme résultat les figures 72, 73 et 74.

Louis XIV. — Le devant du soulier Louis XIV se fait de la même façon que le demi-Molière, il faut que ce genre ne soit pas trop couvert pour en faciliter l'entrée. Il se fait avec une bride se boutonnant sur le côté comme le Charles IX ou avec les deux pattes cousues sous la boucle, cela suivant le genre qu'on désire lui donner. La languette montant sur le cou-de-pied se fait au goût de la cliente; c'est la languette qui donne tout le galbe à la chaussure; pour cela, on doit la faire très haute et grâce à un moyen que nous allons vous donner, elle doit se cambrer sur le pied. Dans ces deux genres de soulier, le quartier seul diffère, le premier possède deux petites pattes arrivant juste sur le cou-de-pied, qui, dans le second, sont remplacées par une seule, se boutonnant sur le côté.

Fig. 75. — Patron toile Louis XIV nº 1.

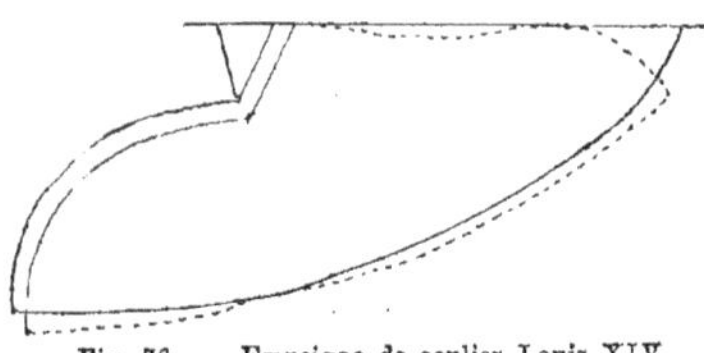

Fig. 76. — Empeigne de soulier Louis XIV.

Voici la manière d'obtenir ces deux types :

Le premier est semblable au demi-Molière (Fig. 75), la lan-

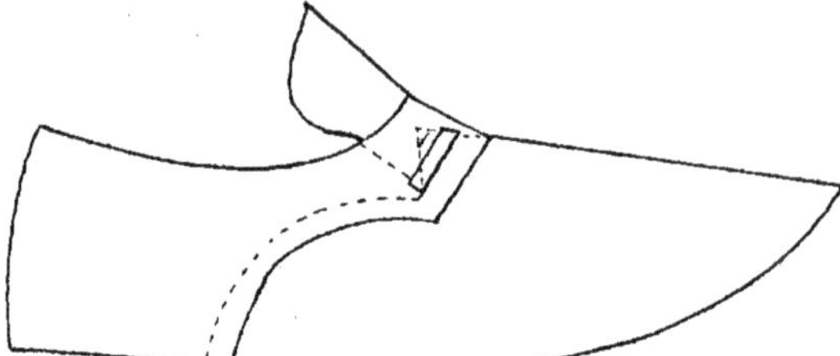

Fig. 77. — Position de la languette du Louis XIV.

guette seule diffère, car elle est rajustée sur l'empeigne, on laisse la couture en relevant la claque, comme aux souliers précédents (Fig. 76), puis une languette quelconque qu'on a découpée y est ajustée comme sur la figure 77 ; en faisant pivoter cette dernière, on peut lui donner la position qu'on désire, bien que, toutefois, on ne doit pas la faire lever plus haut que le quartier. Les deux pattes de cette chaussure étant cousues sur le cou-de-pied, on cache la piqûre avec une large boucle faisant dans l'ensemble un effet magnifique.

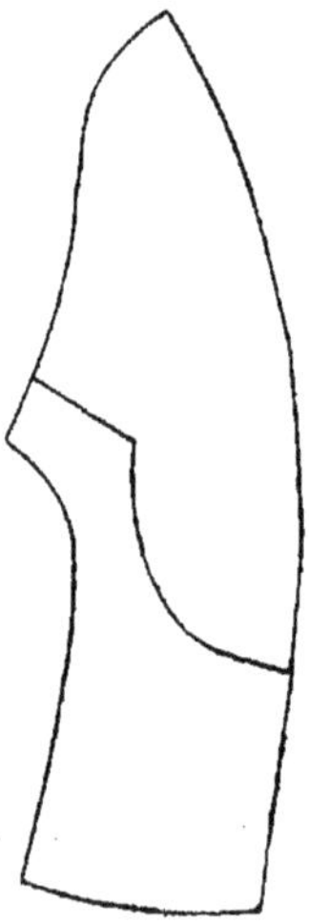

Fig. 78. — Patron de toile Louis XIV, N° 2.

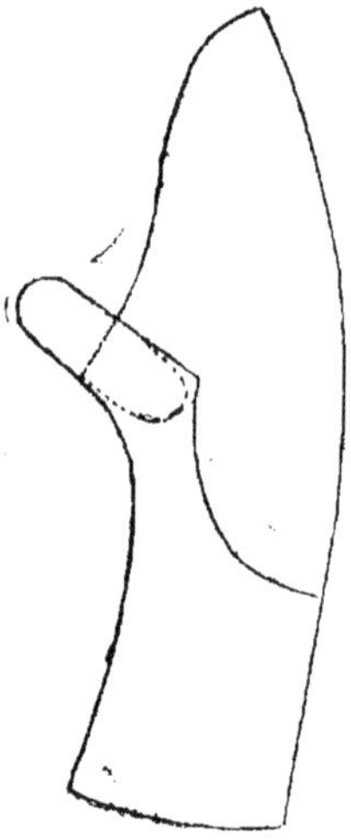

Fig. 79. — Construction de la bride du soulier Louis XIV, n° 2.

Le second soulier genre Charles IX a le devant du quartier un peu moins large pour servir de patte (Fig. 78(. On le prolonge en continuant les lignes qui forment ses extrémités, puis on fait revenir cette patte à boutons jusqu'à la piqûre de l'empeigne; on lui fait rarement dépasser cette limite (Fig. 79).

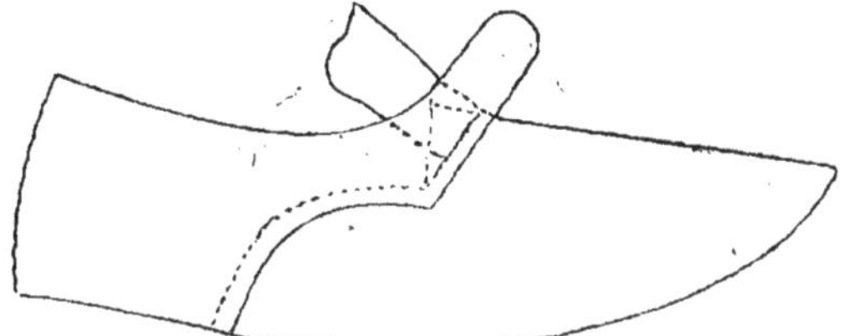

Fig. 80. — Position de la languette du Louis XIV, N° 2.

La languette a alors le même genre que la précédente, son identique construction est cachée par la patte dans laquelle est passée une boucle au goût de l'acheteur (Fig. 80).

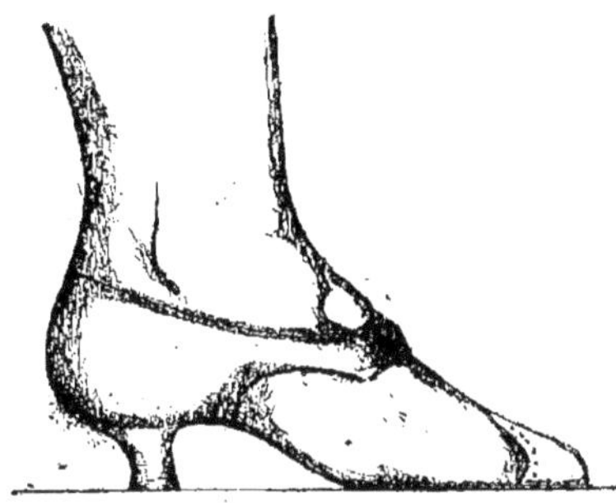

Fig. 81. — Soulier Louis XIV.

Ces deux types se portent beaucoup aujourd'hui, la patte fantaisie qui les rehausse leur a valu aussi le nom de Mousquetaire, ils se font en toutes matières, car leur construction ne présente aucune difficulté.

Passons au soulier Charles IX, très porté, celui-ci est tout à fait simple à obtenir, c'est un décolleté au quartier duquel on a ajouté une bride passant sur le cou-de-pied et assez longue pour se boutonner en dehors avec un seul bouton. Voici la manière de l'obtenir :

Faites un corps de toile ordinaire, comme pour le soulier Richelieu, puis, prolongez la ligne d'entrée E, tracez ensuite à un centimètre et demi en avant de E une parallèle à cette dernière droite jusqu'au point B (Fig. 83) à l'aide duquel vous commencez la courbe du décolletage aboutissant au point C.

Nous reproduisons à peu près cette dernière courbe du point B au point D, ce qui divise notre corps de toile en deux morceaux. Détachez ensuite les deux parties du patron, un seul côté du quartier, le dedans, comporte la bride, l'autre n'arrive que sur le cou-de-pied et porte le bouton destiné à faire serrer la barrette. On peut faire également ce soulier avec les deux quartiers d'une seule pièce (Fig. 84), le derrière se cambre alors sur la forme en suivant le principe de la talonnette ordinaire.

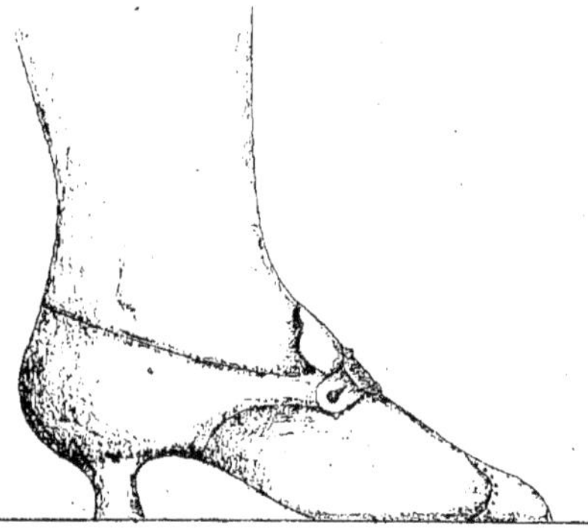

Fig. 82. — Soulier Louis XIV, genre Charles IX.

Ayant détaché l'empeigne, vous la reproduisez en double comme les précédentes, en laissant les coutures du croisement destinées à passer sous le quartier (Figure 85).

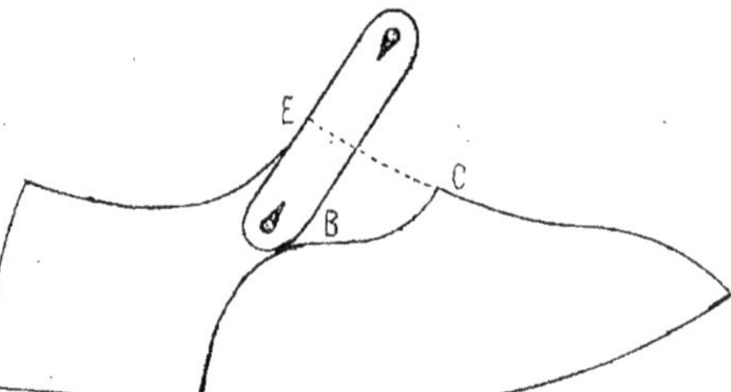

Fig. 83. — Construction du Charles IX.

Nota. — La petite bride de ce soulier ne doit pas arriver jusqu'au cou-de-pied; elle doit en être environ à un centimètre et doit se terminer en rond comme la grande.

Ce soulier peut servir à obtenir un autre genre appelé le « Montagnard »,

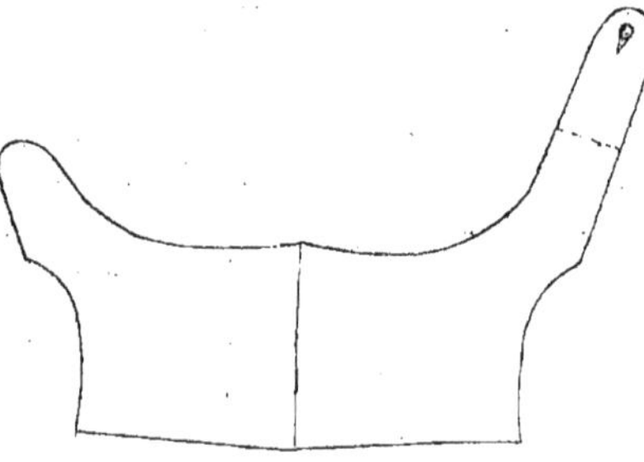

Fig. 84. — Quartier d'une seule pièce pour Charles IX.

il ne diffère du dernier qu'en ce que les deux brides sont de la même longueur et viennent se joindre sur le cou-de-pied à l'aide de deux œillets posés sur les barrettes. Garni d'un ruban large, ce soulier présente toute l'élégance et toute la commodité des autres types, il se fait toujours sans bout rapporté (Fig. 86).

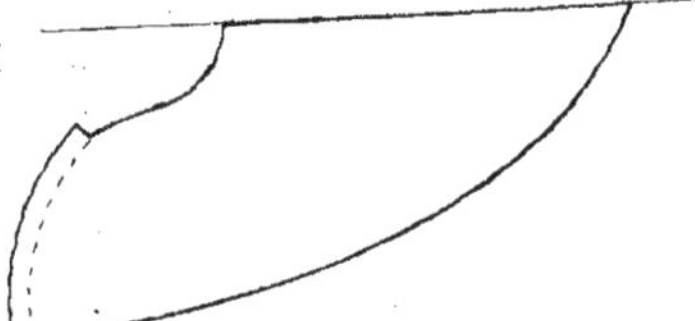

Fig. 85. — Claque de Charles IX

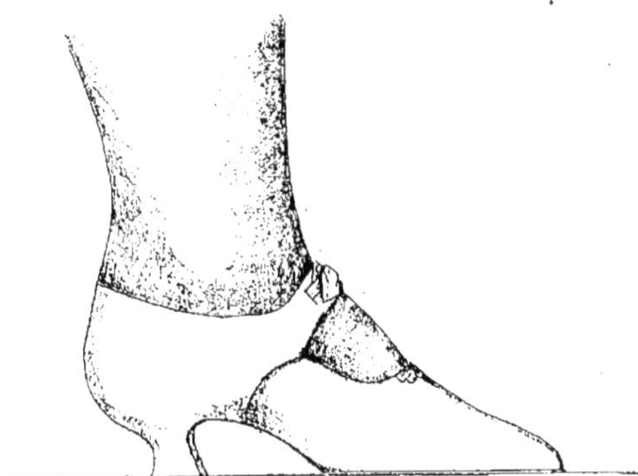

Fig. 86. — Soulier Montagnard.

Botte Chantilly. — La botte Chantilly, ainsi que les genres similaires sont assurément ceux que le petit bottier fait le moins, sa fabrication est réservée à des spécialistes outillés à cet effet; à Paris, surtout, quelques maisons se sont consacrées exclusivement à la fabrication de cet article et se sont créé une clientèle spéciale,

La botte Chantilly ne présente cependant pas les difficultés de certains autres genres, mais elle exige des ouvriers spéciaux que tous les bottiers n'ont pas à leur disposition. Son prix très élevé et les risques que l'on court en cas de réussite imparfaite sont aussi un obtacle à l'entreprise de cette fabrication. Le piquage en est la partie presque capitale et généralement les bottiers qui ne font pas couramment la botte Chantilly ne s'en chargent pas. Ils se contentent d'en faire le patronage et la levée, il appartient ensuite au piqueur d'ajuster et de couper convenablement, aussi les bons piqueurs sont-ils très recherchés et pour la plupart attachés à des spécialistes. Nous allons donner la description de cette botte en nous efforçant de présenter le plus simplement possible la manière de construire les patrons.

Tracez sur l'équerre dans sa position habituelle le gabarit de la forme garnie spécialement pour cette fabrication; puis, placez la

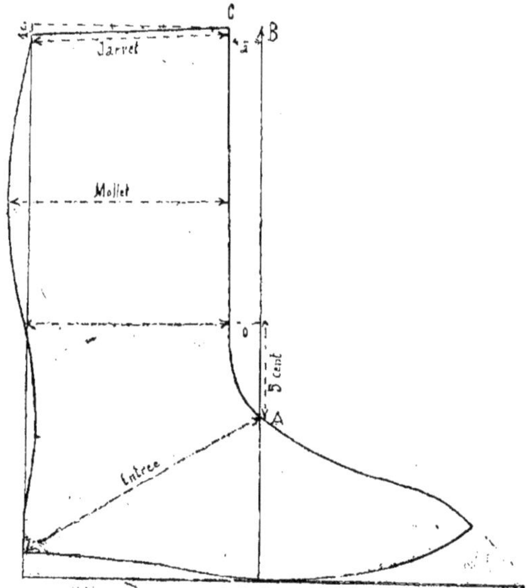

Fig. 87. — Patron de plan botte Chantilly.

hauteur du talon à sa place ordinaire, tracez sur l'entrée une perpendiculaire à l'horizontale de l'équerre; puis, en partant de la cambrure, portez sur cette ligne la hauteur de tige que vous désirez, plus trois ou quatre centimètres pour compenser les plis qui s'y forment, cette hauteur est de quarante à cinquante centimètres environ, suivant la taille de la personne à qui elle est destinée (Fig. 87).

Nota. — En garnissant la forme dont on doit se servir pour faire la botte Chantilly, il faut avoir soin de laisser l'entrée un demi-centimètre plus large que la pleine mesure.

Ayant obtenu comme hauteur le point B, nous portons de l'avant à l'arrière la mesure A, variant suivant la hauteur du talon; en voici les différentes largeurs :

Pour un talon de deux centimètres, la valeur de A est de trois centimètres; pour un talon de deux centimètres et demi, elle est de deux centimètres trois quarts; pour un talon de trois centimètres, elle équivaut à deux centimètres et demi, et pour un talon de trois centimètres et demi, sa valeur est de deux centimètres. Nous voyons, d'après ce tableau que, à mesure que le talon devient haut, la largeur a diminué, ou, ce qui revient au même, plus la hauteur du talon augmente, plus la tige est portée en avant. Par le point C obtenu, faisons passer une parallèle à la droite AB tracée sur l'entrée, puis, à l'aide de cette nouvelle ligne, tracez la courbe ordinaire jusqu'au point A; cinq centimètres au-dessus de ce point, sur la seconde ligne, se trouve la petite entrée O, dont nous allons nous servir pour trouver le galbe de la tige derrière.

Nota. — La petite entrée doit toujours avoir en totalité un centimètre de moins que la grande.

On porte ensuite à partir du point O, de l'avant à l'arrière, la mesure de l'entrée, moins un centimètre en totalité, puis au milieu du mollet, on met la moitié de la mesure du client; ce point va nous servir pour obtenir les contours de la tige derrière, il ne nous reste qu'à porter au jarret la mesure que nous désirons lui donner et à faire le derrière de la tige d'un centimètre plus bas que le devant. Ayant obtenu trois points sur le derrière du modèle, nous pouvons sans peine, pour terminer, tracer la courbe de notre botte à laquelle nous donnons le plus d'élégance possible.

Le corps de toile étant établi, il nous reste à en faire la décomposition. A deux centimètres au-dessous de la petite entrée, nous commençons à tracer la languette de la claque à laquelle nous donnons le genre que nous voulons, puis nous descendons à la hauteur du contrefort où existe la séparation de la talonnette et de l'empeigne.

Nota. — Le centre de la languette ne doit pas dépasser la ligne de la petite entrée.

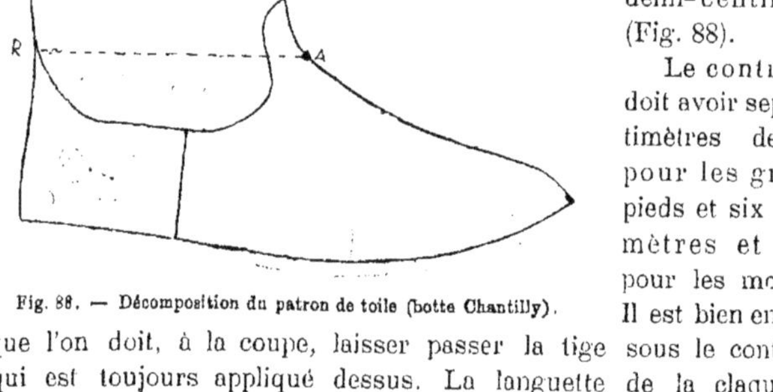

Fig. 88. — Décomposition du patron de toile (botte Chantilly).

La longueur de la talonnette jusqu'à la jointure de la claque équivaut à la moitié de la largeur de la tige, prise en face de l'entrée, c'est-à-dire dans la direction AR, plus un demi-centimètre (Fig. 88).

Le contrefort doit avoir sept centimètres derrière pour les grands pieds et six centimètres et demi pour les moyens. Il est bien entendu que l'on doit, à la coupe, laisser passer la tige sous le contrefort qui est toujours appliqué dessus. La languette de la claque est jointe à la main, elle doit être coupée très régulièrement jusqu'à la longueur du contrefort.

Malgré les difficultés assez nombreuses qui interviennent dans la fabrication de la tige de cette botte, tout cordonnier qui sait la couper et piquer à la main, peut, avec beaucoup de goût et de patience, arriver en la fabriquant lui-même à obtenir de bons résultats.

Nota. — La claque de la botte Chantilly se fait aussi d'une seule pièce, elle est jointe derrière comme les bottines ordinaires.

Pour obtenir en double l'empeigne de la botte, ainsi que sa languette, on s'y prend de la manière suivante :

Ayant tracé une ligne droite (Fig. 89), vous ajustez dessus le point de l'entrée, ainsi que le bout de la claque, puis, vous en tracez tous les contours, excepté la languette; ceci fait, vous tournez le patron jusqu'à ce qu'il ne coïncide plus qu'à l'entrée et au bout de la languette avec la ligne droite, vous tracez alors cette dernière et vous laissez autour un centimètre en dessinant une languette comme la figure 89 vous la représente.

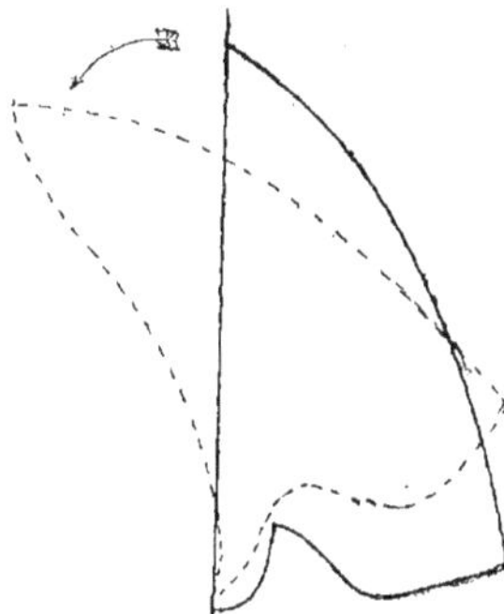

Fig. 89. — Empeigne de botte.

Ces dessins reproduits forment un modèle que l'on cambre à l'aide de machines spéciales qui leur donnent la forme voulue; vous prenez alors la doublure d'empeigne qui vient de vous servir, vous l'ajustez dessus et vous coupez autour toute la marchandise que vous avez laissée en trop, la pièce sortant de vos mains est prête à piquer.

Le contrefort de la botte Chantilly se reproduit exactement comme les talonnettes déjà étudiées; il faut, en le découpant, laisser à ses extrémités environ trois quarts de centimètre pour le croisement qu'il fait avec l'empeigne piquée sur lui. On lui laisse également, en le relevant, une petite patte longue d'environ un ou deux centimètres, destinée à supporter la baguette qui longe le derrière de la botte Chantilly (Fig. 90).

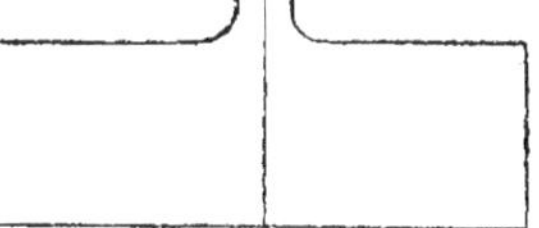

Fig. 90. — Contrefort de botte.

Coupe d'une botte. — Ayant entièrement démontré la construction de la botte, nous allons indiquer les meilleures manières de la couper. Lorsqu'on veut obtenir des tiges de très bonne qualité, il est absolument nécessaire d'employer deux peaux, car on ne prend que les meilleures parties, comme l'indique notre figure 91.

Sur deux petits veaux, il en reste habituellement la moitié d'un après la coupe.

Pour les bottes vernies, on emploie des peaux spéciales assez larges pour qu'on puisse couper les bottes dans un autre sens que le veau, c'est-à-dire en travers (Fig. 92).

La botte d'ordonnance de cavalerie se fait avec la tige en vache vernie et l'avant-pied en veau, c'est une botte tout à fait droite ; lorsqu'on la fait avec des plis, elle change de nom pour prendre celui de botte « Condé ».

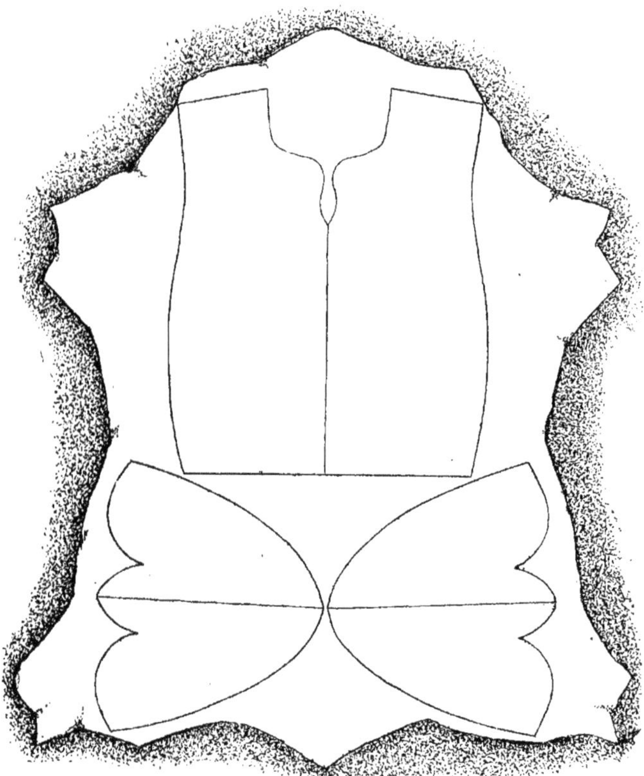

Fig. 91. — Coupe de la botte en veau.

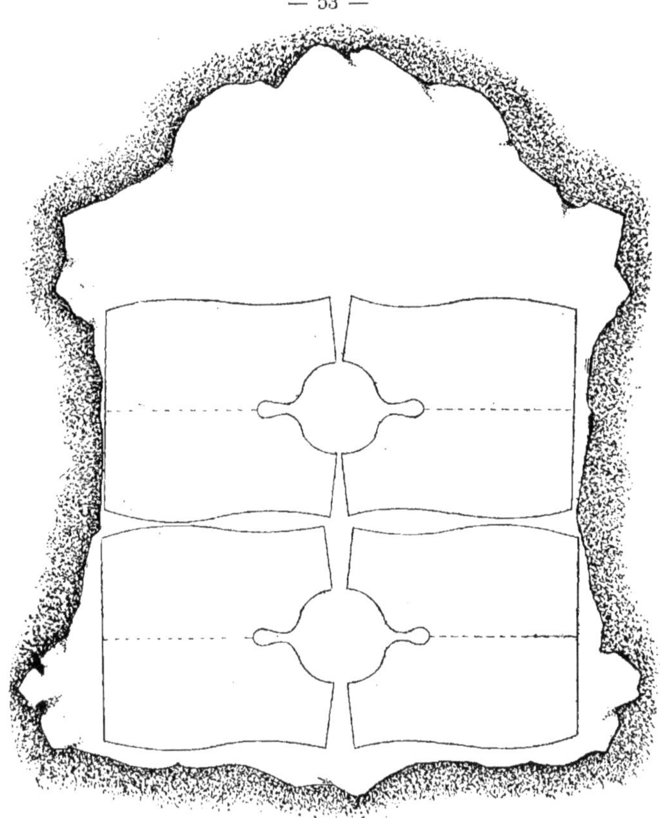

Fig. 92. — Coupe d'un veau verni.

Botte cambrée. — La botte cambrée ordinaire jointe sur les côtés, ne présente aucune difficulté pour la fabrication, les bottiers achètent les tiges chez un spécialiste, ils n'ont ensuite qu'à les rectifier pour chausser parfaitement leurs clients. Le cambrage de ces bottes se fait à l'aide de machines spéciales, celles-ci coûtant très cher, nous montrent la raison pour laquelle les petits fabricants n'ayant, par hasard, que quelques paires de bottes à faire dans l'année, ne s'en munissent pas et s'adressent au marchand de crépins chez lequel ils les trouvent toutes préparées.

Voici la façon d'opérer pour couper les bottes cambrées :

Sortant de chez le cambreur, la botte est divisée par le milieu de la tige; ayant la mesure du mollet du client, vous la portez à sa place habituelle, plus un centimètre et demi en totalité; ces cambres étant toujours trop grandes, vous supprimez à l'aide d'une règle la marchandise que vous avez de trop (Fig. 93).

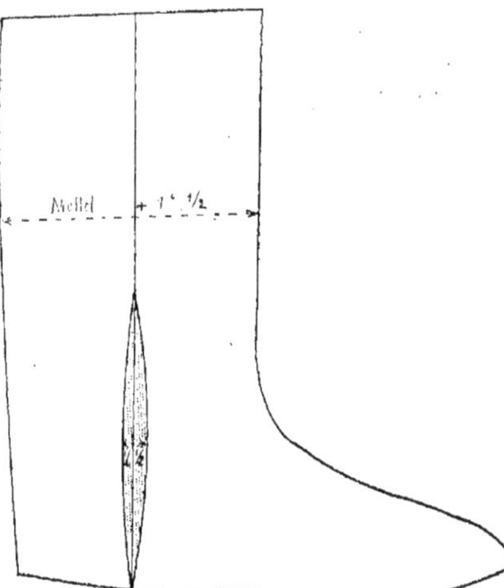

Fig. 93 — Botte Cambrée ou d'ordonnance.

Comme vous avez laissé à l'entrée un centimètre et demi de plus que la mesure, il faut le supprimer. Voici comment nous procédons : Un peu au-dessous du mollet, sur la ligne de milieu de la tige, nous commençons de chaque côté une courbe qui, à sa partie la plus large, doit avoir trois quarts de centimètre en tout; un quart sur le côté du derrière et un demi centimètre sur le devant. Ceci fait, on découpe le milieu et on joint les deux parties de la botte, ceci nous donne la juste entrée et chausse à la perfection (Fig. 93).

Le contrefort placé en dedans se fait en veau avec sous-contrefort, il doit avoir sept centimètres de hauteur. Les ailettes, dans la botte fine, sont attachées à l'aiguille en surjet à la main.

Ce genre est celui que portent les officiers d'infanterie, on l'appelle ordinairement botte d'ordonnance.

Soulier Richelieu à boutons, d'une seule pièce. — Nous allons vous donner comme curiosité la description d'un soulier à boutons n'ayant qu'une couture devant; ceci paraît, au premier abord, très difficile à obtenir, il n'en est rien, car, dès les premières lignes, on en voit la simplicité. Voici comment nous procédons :

Prenons le patron de toile ordinaire, détachons le quartier et l'empeigne que nous relevons en double, puis ayant une feuille de carton, traçons-y notre double quartier en laissant au cou-de-pied, du côté droit, assez de marchandise pour faire la patte à boutons (Fig. 94); ajustons ensuite de l'autre côté du quartier l'empeigne double de la manière indiquée fig. 94. En fendant les lignes AB, CD et EF, on obtient un soulier auquel il ne reste plus qu'à dessiner une petite patte à boutons suivant la forme que l'on désire. Ce soulier est une fantaisie que nous ne pouvons pas recommander à nos lecteurs, il n'est pas économique à la coupe, aussi le montrons-nous simplement à titre de curiosité (Fig. 95).

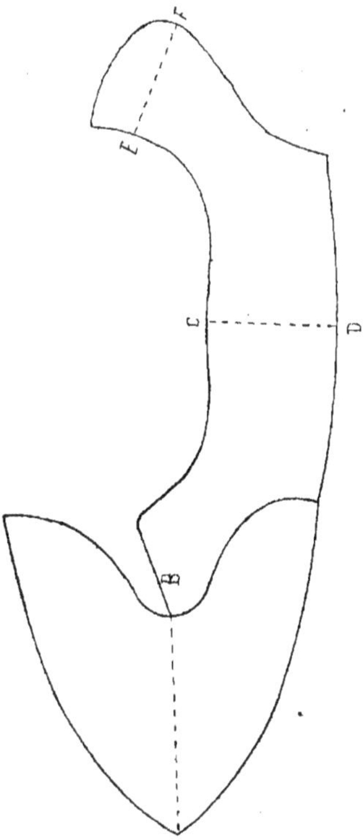

Fig. 94. — Construction d'un soulier d'une pièce.

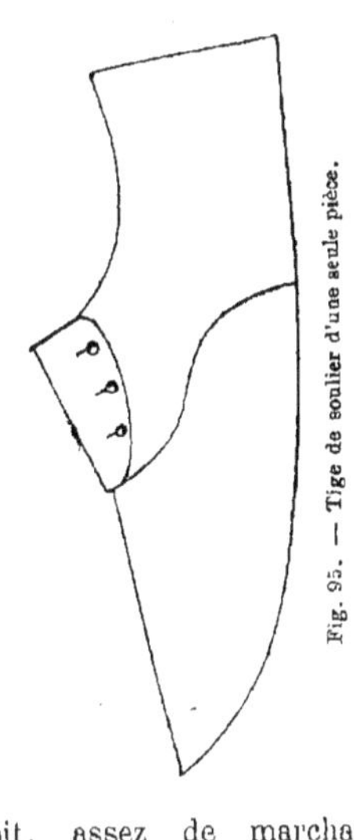

Fig. 95. — Tige de soulier d'une seule pièce.

COUPE

Toutes les peaux, sans exception, ont un prêtant, c'est-à-dire qu'en les prenant dans certains sens, elles s'allongent et obéissent à la force qui les tire; après maintes études, on est arrivé à conclure que les sens non prêtants suivaient les directions marquées sur la figure 96.

Celles-ci forment l'étoile et partent toutes du centre de la peau pour se ramifier de tous les côtés. Le coupeur devra placer ses patrons de manière que le prêtant se trouve en largeur afin d'éviter toute difficulté; il est cependant une exception que je crois devoir vous signaler, c'est la coupe des petits côtés des bottines à élastiques; dans ceux-ci il ne faut pas que le prêtant se trouve en hauteur, car, en chaussant, la doublure ne cédant pas, se déchirerait aussitôt.

Connaissant le prêtant d'une peau, un coupeur doit encore prendre beaucoup de précautions; il doit premièrement chercher où se trouvent les poches; ce sont des parties défectueuses formées par les hanches saillantes de l'animal; elles sont au nombre de quatre, on doit les éviter le plus possible, car ces sections n'offrent aucune résistance à la fatigue et crèvent souvent au montage de la tige, en causant des pertes appréciables. L'épine dorsale, appelée en termes de coupe raie du dos, doit être également évitée, bien qu'elle soit moins mauvaise que les poches, il est toujours prudent de la laisser tomber dans les débris. Dans les chevreaux glacés, ne donnant à la coupe qu'une paire complète de bottes de dame, il est inutile d'observer ces détails, car la bête ayant été tuée très jeune, n'a pas encore détérioré sa peau, ou ne lui a pas encore fait subir des pertes dont on peut tenir grand compte.

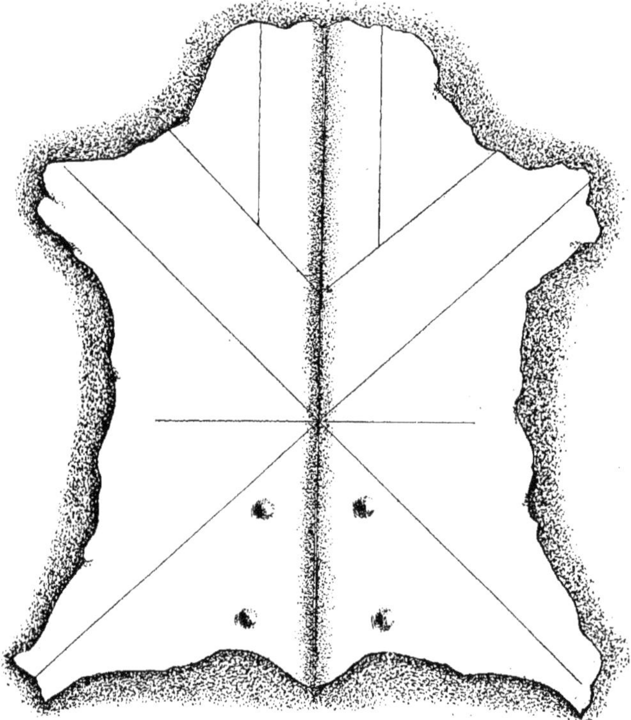

Fig. 96. — Défectuosités, parties non prêtantes d'une peau.

Dans les veaux donnant en moyenne trois paires de claques d'une seule pièce, la meilleure est celle du milieu; dans les grands veaux de pays contenant quatre ou cinq paires, la qualité ne change pas de place, et c'est toujours en dessus des poches que se trouve la meilleure partie de la peau. La coupe des claques carrées en deux morceaux diffère complètement de la précédente, la planche 99 nous en donne la vraie décomposition.

Nous arrivons maintenant à la coupe du chevreau glacé, nous ne ferons notre expérience que sur une peau d'une paire la plus employée par les bottiers. Il nous est impossible de donner une

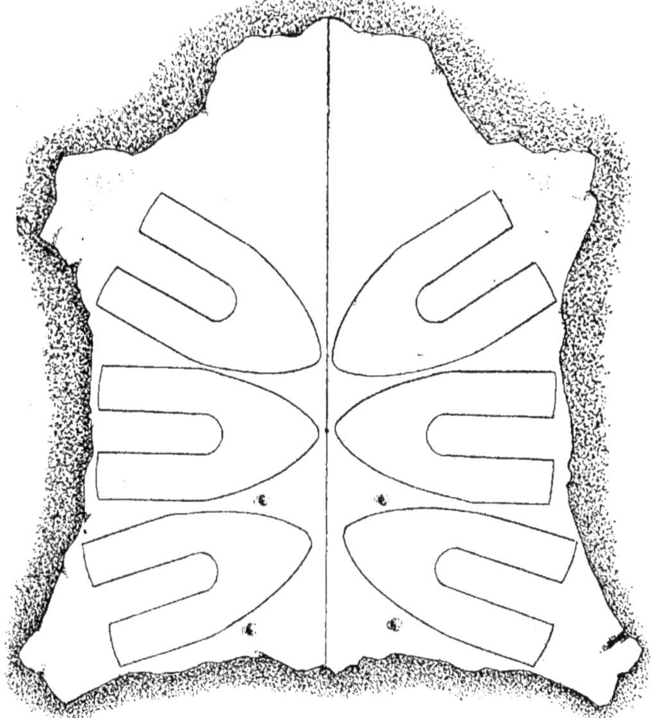

Fig. 97. — Coupe d'un veau ciré.

méthode pour couper les peaux à défauts, dites écarts, bien que celles-ci soient en grand nombre, nous ne pouvons montrer ce principe qu'à l'aide d'une peau de premier choix.

La figure 100 nous montre la meilleure méthode pour couper un chevreau. Nous voyons, en effet, que, grâce à elle, la peau

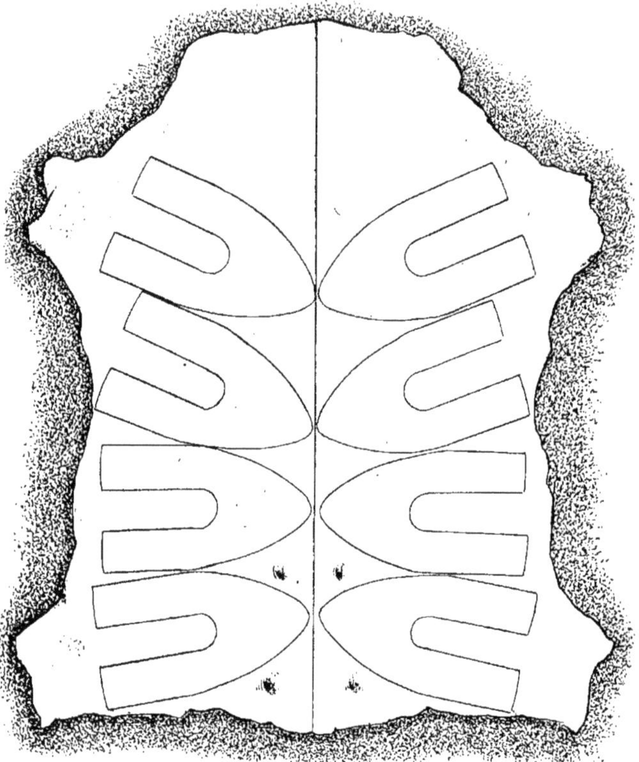

Fig. 98. — Coupe d'un grand veau.

est bien décomposée, les parties défectueuses, poches, hauts-collets, aines et raies du dos, tombent dans les débris en laissant à la tige les meilleures parties et le bon sens qui sont absolument nécessaires. Afin de ne rien perdre, nous utilisons l'aine en y prenant les dessous de pattes, puis le haut collet pour les sousboutons et nous ne pouvons voir dans les débris que des entre-coupes très petites qu'il est impossible d'employer.

Etant donné les études approfondies dont cette méthode a été l'objet, on a rarement pu lui trouver quelques défauts; en effet, en passant en revue toutes les parties de la tige, nous voyons

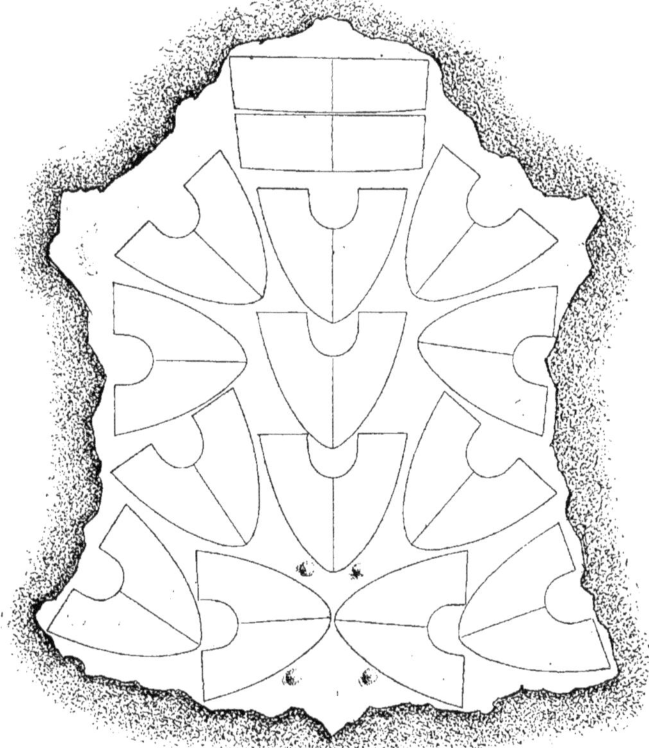

Fig. 99. — Coupe de claques en deux pièces.

la patte à boutons prise dans la culée jouissant de la beauté et de la plus parfaite solidité; l'empeigne dans la plus belle partie et les carcasses, tout en ayant le sens voulu, prises dans le milieu, et s'intercalant parfaitement de manière à ne laisser qu'un débris de peu de valeur.

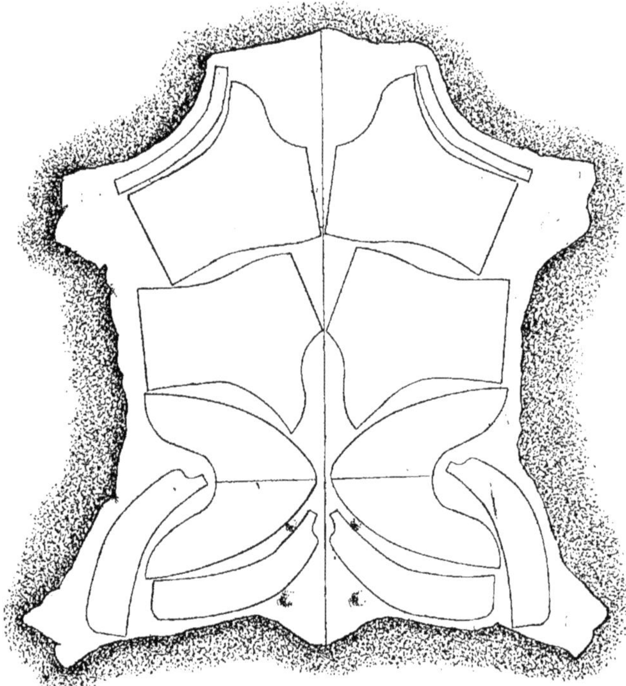

Fig. 100. — Coupe d'un chevreau glacé.

Il est très difficile d'observer dans les peaux à défauts la vraie théorie de la coupe, car ceci entraîne à des pertes très sérieuses, c'est pourquoi un coupeur expérimenté arrive à produire avec de vilaines peaux un excellent rendement, tandis qu'un autre, au contraire, avec des peaux moins mauvaises, arrive à faire des pertes très sérieuses, dues à l'infériorité de ses connaissances dans le métier.

En coupant une peau, il faut tirer partie autant que possible dans le bon sens, celui-ci consiste à ne mettre jamais le prêtant en longueur dans une tige. C'est par la pratique que l'ouvrier

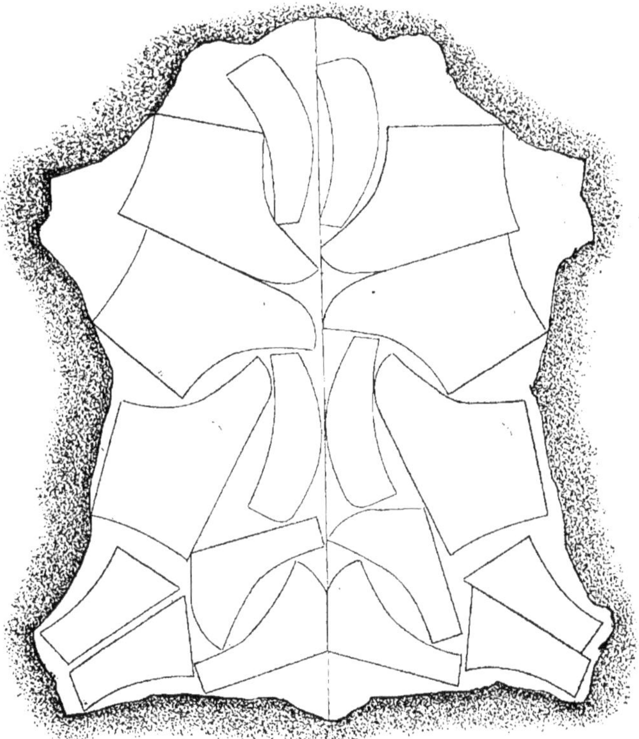

Fig. 101. — Coupe des carcasses.

arrive à tenir compte de ces petites remarques et c'est ainsi qu'en observant ces règles, il parvient à trouver dans une peau un rendement favorable d'après lequel l'industriel fait ses prix.

Nous terminons cette théorie en donnant la coupe des carcasses sur la planche 101.

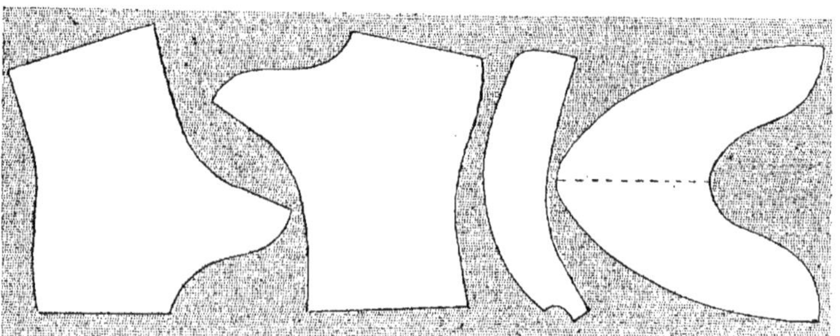

Fig. 102. — Planche étoffe.

Pour la coupe de l'étoffe, le droit fil doit être dans la longueur; pour les souliers décolletés, en satin, soie ou laine, le

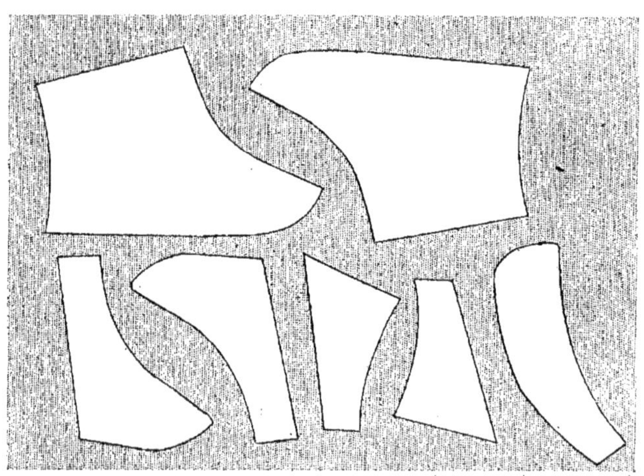

Fig. 103. — Planche étoffe.

quartier se coupe dans le sens de la lisière; pour l'empeigne, c'est tout le contraire.

Toutes les empeignes en étoffe se coupent dans le même sens, la planche 102 nous en montre la décomposition.

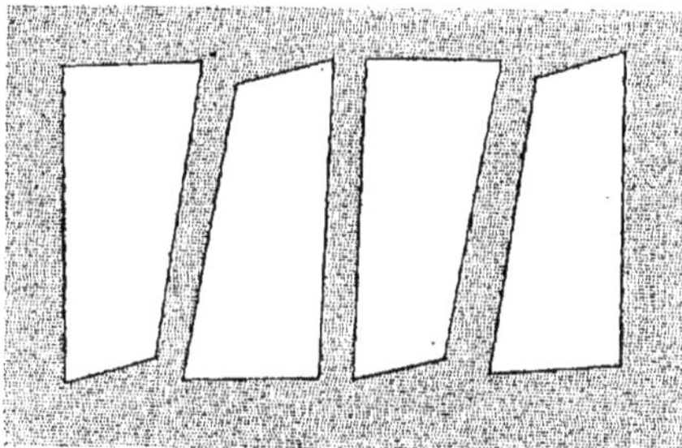

Fig. 104. — Planche élastique.

Nota. — Dans les bottines de toutes sortes, il faut toujours laisser un centimètre de coutures (Fig. 103).

Pour éviter les fausses coupes dans les élastiques soie sans revers, il est indispensable, ayant tracé les deux premiers élastiques, de retourner la pièce en sens contraire pour continuer la coupe (Fig. 104).

FABRICATION D'UNE CHAUSSURE COUSU-MAIN

Avant de décrire exactement la manière de faire une chaussure cousu-main, nous allons donner la liste des principaux outils indispensables à un ouvrier sérieux :

Alènes diverses.
Tranchets,
Manique,
Tire-pied,
Astic,
Machinoir,
Crochet à formes,
Pinces,
Tenailles,
Marteaux,
Râpe,
Lime,
Mailloche,
Fer à lisse ronde,
Fer sans lisse,
Fers à devants,
Roulette à emboîtages,
Roulette à piqûres,
Fer à piqûres,
Ebouroir,
Bisaiguë.
Compas,
Pierre à repasser,
Broche ou poinçon,
Relève-gravure,
Grattoir,
Râpe à emboîtages,
Chasse-clou,
Gouge pour Louis XV,
Aimant,
Guillottine,
Barre à déformer.

Les principales fournitures sont :

Fils de toutes espèces,
Poix,
Soies,
Colles de pâte et de Vienne,
Pointes,
Rivets,
Cire noire et jaune,
Encre noire,
Papier de verre.

Voici le détail des marchandises indispensables à la fabrication du cousu-main :

Premières semelles intérieures,
Contreforts,
Trépointes,
Talons ou sous-bouts,
Bons bouts (dernière feuille de cuir du talon),
Semelles,
Ailettes,
Cambrures et cambrillons,
Bouts durs,
Talonnettes ou semelles blanches.

Un bon ouvrier commence par mouiller tout son cuir, selon la qualité, en le laissant tremper plus ou moins. Le cuir doit être employé demi-sec pour qu'il soit moins dur à couper et plus facile à coller. Sortant de l'eau, les premières semelles, après avoir été tirées en tous sens et légèrement battues, sont appliquées sur le dessous de la forme et tapées de manière à en prendre toutes les sinuosités.

Ceci fait, l'ouvrier prend son tranchet, puis, en suivant les contours de la forme, il broche sa première en dégageant les cambrures. Il détache ensuite sa première de la forme et la finit à la main sur une petite planche ou billot bien uni. Celle-ci prête, il l'applique sur son reste de cuir et en trace les contours pour obtenir le second pied qu'il égalise et finit complètement. Vient ensuite le moment de faire les gravures; ce sont des entailles pratiquées sur la chair de la première dont la largeur doit contenir l'épaisseur de l'empeigne et de la trépointe; des trous sont pratiqués dans cette gravure à l'aide d'une alène spécialement réservée à ce travail. Il est inutile de prolonger la gravure à l'emplacement du talon, cette partie étant cousue à points lacés en chaînette ne demande aucune préparation.

Nota. — Pour bien supporter un talon, la première ne doit pas être parée, pour cette même raison, on obtient un emboîtage mieux fait et plus solide à la fois.

Entre les contreforts pour hommes et pour dames, il n'existe qu'une différence de longueur, la préparation est la même; pour les claques en deux pièces le contrefort doit être arrondi à ses extrémités; pour les claques carrées, il doit se terminer en angle droit.

Le contrefort doit être aminci sur les quatre faces, un peu moins dans le bas que dans le haut; cette partie doit supporter la couture de l'emboîtage en points serrés.

Nota. — Pour les talons hauts, il est indispensable d'obtenir un contrefort très ferme, sans cela il s'affaisse et détériore l'aspect de la chaussure.

Pour les bottes de dames à empeignes rondes, le contrefort doit être cousu en surjet après la doublure, dans le haut, il faut le plier par moitié et ajuster le pli de séparation sur la couture de la toile; il se colle uniformément sur toutes les parties et est prêt à être placé sur la forme.

Nota. — De la bonne préparation du contrefort vient la régularité de l'emboîtage, chose très appréciée par tous les connaisseurs.

La trépointe doit être également préparée d'avance; voici la manière de pratiquer :

Pour être facile à coudre et donner une grande solidité à la chaussure, il faut que la trépointe ne soit pas trop franche, qu'elle soit prise dans le collet, près des épaules; elle doit être employée très mouillée. Pour la parer, on se sert d'un outil appelé guillotine; à l'aide de celui-ci, on obtient en très peu de temps un parage régulier, avec beaucoup de facilité. Reste à préparer les ailettes et les bouts durs; les premières doivent être assez longues pour croiser sur le contrefort et sur le bout dur, sinon le vide entre ces deux parties serait très disgracieux; elles sont finement parées, puis collées à leurs extrémités sur le contrefort qui les soutient.

Les bouts durs doivent être parés très minces pour qu'on ne les aperçoive pas sous la claque, le milieu doit garder sa force naturelle, car c'est lui qui maintient le bout de la chaussure.

La partie cousue en trépointe doit être combinée, de manière à ce que les plis puissent bien s'effacer au montage et doit être assez forte pour maintenir la fermeté du bout et la couture de la première semelle.

Toutes vos fournitures pour le montage sont ainsi prêtes; coupez les semelles intérieures en peau destinées à garnir l'intérieur de la chaussure, d'après le galbe de la première; préparez ensuite vos semelles en élargissant d'un centimètre tout le tour de la première, découpez-les régulièrement, puis, parez les cambrures à l'endroit des lisses rondes. Ceci, mouillé fortement, sèchera en attendant son emploi et vous permettra de travailler un cuir à moitié sec, excellent sous tous les rapports. Préparez ensuite les sous-bouts, feuilles destinées à faire le talon; le cuir, pour cet usage, doit être fortement battu et gratté, afin d'enlever la fleur et la chair restées au tannage; sans grattage, les lames de cuir ne s'uniraient pas et feraient des trous dans le talon. Préparez ensuite de la même façon la dernière feuille du talon, appelée bon bout, et toutes les fournitures sont préparées; à moitié sèches, elles seront employées avec d'excellents résultats.

Montage. — Après avoir essayé les tiges et vous être rendu compte de la longueur, vous placez le contrefort humide et fixez sur le bout de votre forme, à l'aide de quelques pointes, ce que vous croyez devoir laisser comme montage; puis, à l'aide d'un relève-quartier, que vous passez à l'intérieur du contrefort, vous faites glisser la tige sur le haut du talon de la forme; en tirant avec les pinces, vous faites descendre la tige, dont vous montez entièrement le devant jusqu'aux flancs. Ceci fait, vous descendez complètement la tige à la place qu'elle doit définitivement occuper, ensuite, vous ramenez par le montage, tous les plis en avant.

Nota. — Il est bien entendu que les ailettes et le bout dur sont placés avant le montage; ces derniers, afin d'offrir une grande fermeté à l'usage, doivent être montés précédemment sur toile et collés fortement; on fait passer leurs plis à l'aide de la râpe, puis le dessus est facilement monté pour y rester définitivement.

Le montage terminé, on coupe le surplus qui pourrait gêner et on se prépare à passer en premières.

Passage en premières. — Le fil qui doit vous servir à coudre les premières doit être en rapport avec la force du travail, ainsi que la grosseur de l'alène; la principale chose est de bien serrer le point; toute la force doit venir du côté du manche de l'alène, l'autre main ne fait que maintenir et donner plus de prise à la tirée. Arrivé au bout, il faut avoir soin d'obliquer la couture pour pouvoir suivre les contours, le point doit être plus petit sur la première que sur la tige, ce qui permet de tourner proprement et solidement. La couture de l'emboîtage se fait ordinairement en dernier lieu, le fil étant fatigué possède encore assez de force pour coudre cette partie qui n'exige pas d'ailleurs une couture irréprochable.

La trépointe cousue, relevez-la avec le machinoir et battez-la très légèrement avec un outil spécial appelé enclume : puis redressez-la soigneusement à la portée de la forme, uniformément de chaque côté. Vient ensuite le remplissage qui consiste à garnir de feutre goudronné le devant de la forme et à renforcer la cambrure à l'aide d'un morceau de cuir appelé cambrillon. Le feutre dont on se sert aujourd'hui réunit plusieurs propriétés, il est léger et imperméable par le goudron, puis, chose très appréciable, il évite aux chaussures ce bruit disgracieux causé par le frottement des cuirs secs entre eux. Vient ensuite l'application de la semelle ; après avoir battu fortement cette dernière, vous enduisez de colle la surface du remplissage, puis vous l'appliquez dessus en la fixant au bout par une pointe. Ceci fait, prenant votre tire-pied et le passant sur la semelle, vous faites coller fortement toutes les parties du cuir en frappant légèrement les contours, vous fixez l'emboîtage avec des rivets tout autour du talon, puis vous procédez au brochage. Vous parez ensuite les lisses rondes en leur donnant le genre que vous désirez, enfin il ne vous reste plus qu'à faire la gravure sur la semelle destinée à renfermer les points. Pour faire cette gravure, vous tenez le tranchet bien serré en inclinant la pointe en dedans, la coupure est en biais, de façon à ce qu'elle s'ouvre facilement à l'aide d'un outil spécial appelé relève-gravure.

Passons maintenant à la piqûre de la semelle ; ce travail se fait plus facilement que le passage en premières ; les alènes carrées sont celles qui sont les plus faciles à manier et qui font les meilleures coutures.

Piqûre de la semelle. — Le fait de piquer ne peut pas s'enseigner théoriquement, car c'est à la longue, après plusieurs essais, qu'on arrive à obtenir une piqûre régulière et droite. Une fois piquées, vous fermez les gravures de la semelle après les avoir enduites de colle de pâte; puis, ayant humecté les bords, vous tapez, à l'aide du gros marteau, la gravure qui se referme parfaitement.

Afin de raffermir le cuir, il est indispensable d'astiquer la semelle; on ne doit s'arrêter qu'après avoir obtenu un brillant uniforme.

Redressez ensuite les lisses, faites coller les lisses rondes, passez-y la râpe, le verre ou le grattoir, puis, prenez un ébouroir à l'aide duquel vous faites votre emboîtage. Tout ouvrier sérieux doit posséder dans sa trousse des fers de toutes les grandeurs; vous en choisissez un s'adaptant bien à la force de la semelle; il faut qu'il serre un peu pour bien marquer les filets; grâce à ces derniers, on obtient un travail parfait, ce sont eux qui donnent à la chaussure tout le galbe qu'elle possède et la font apprécier.

Vous marquez ensuite à l'aide d'une roulette les points de votre semelle; tous ces fers, passés chauds déforment sommairement la chaussure et la mettent en état de recevoir le talon.

Pose du talon. — L'emboitage d'une chaussure est la partie de la semelle sur laquelle repose le talon; la longueur de celui-ci se règle d'après le genre qu'on veut donner à la chaussure. Pour un talon anglais, l'emboîtage doit être laissé très large; pour un talon haut, au contraire, le tranchet doit en égalisant, diminuer fortement la plante, de manière à le rendre plus léger et plus élégant. La façon de monter les sous-bouts diffère aussi suivant les hauteurs des talons; pour dame, la première pièce de cuir, ou couche-point, doit être posée en biais, ainsi que les deux ou trois lames suivantes, ce qui produit naturellement l'évidage qu'on veut obtenir.

Nota. — Pour le bon montage du talon, il est nécessaire de mettre à la base un couche-point étroit, le creux formé par celui-ci facilite énormément l'établissement du niveau du talon.

Il faut avoir soin de bien placer les rivets, de manière à ne pas en trouver avec le tranchet lorsqu'on veut creuser le talon. Chaque sous-bout doit avoir une couche de colle de pâte; tous, sauf les deux premiers, sont assujettis à l'aide de pointes dont la longueur varie suivant la hauteur du talon.

Nota. — L'emboîtage et le talon doivent être terminés avant la pose de la dernière feuille appelée bon-bout. On doit très peu le modifier après ce travail.

Pour tenir cette feuille, on enfonce dans le talon des pointes de vitrier assez rapprochées on leur coupe la tête à l'aide des tenailles et après avoir enduit le cuir de colle de pâte, on adapte le bon-bout qui se trouve très bien maintenu par dessous.

Ceci fait, ayant redressé le bord du bon-bout et les parois du talon ou lisses, vous procédez comme pour le devant; passez la râpe, unissez ensuite au grattoir et au papier de verre, puis si c'est une chaussure en peau noire, passez l'encre immédiatement et déformez avant le séchage, car, sans cela, vous obtenez un brillant gris et terne.

Il convient, pour la déforme, de savoir chauffer les fers à point; trop chaud, la surface est brûlée et ne donne aucun brillant; pas assez chaud, le noir ne subit aucune transformation et c'est un brillant opaque qu'on obtient comme résultat.

Nota. — Presque tous les ouvriers se servent de mélanges de cire fondue dans de l'essence de térébenthine; ils écartent la pâte formée sur les lisses, ceci forme encaustique et facilite beaucoup le déformage; on obtient à l'aide de ce procédé un brillant tout à fait clair et absolument uniforme.

En voici, je crois, la meilleure recette :

2 petits pains de cire noire,
1 petit pain de cire blanche.

La mesure de l'essence de térébenthine n'est pas absolument fixée, on doit en mettre jusqu'à ce que l'on ait obtenu un liquide parfait. Pour obtenir ce mélange, il faut prendre quelques précautions, éviter surtout de l'approcher des flammes, car une explosion se produirait et pourrait avoir de funestes résultats. Cette composition doit être conservée dans une boîte en fer blanc, hermétiquement close, pour éviter le séchage qui se produirait infailliblement.

Il nous reste maintenant à sortir les formes des chaussures, c'est un travail assez minutieux, car il arrive souvent que par une maladresse, l'ouvrier casse les cambrures, rien n'est plus disgracieux qu'une chaussure en cet état.

Nota. — Avant de coller la première en peau pour finir complètement la chaussure, il faut avoir la précaution de s'assurer qu'il ne reste à l'intérieur aucune pointe ou rivet pouvant incommoder le client ; on procède après cette revue sommaire au collage de la première.

Voici la théorie de la chaussure cousu main entièrement terminée, nous allons donner maintenant la manière de procéder pour mettre une pièce invisible à une chaussure en mauvais état.

Pièces invisibles. — Le cuir doit être sec et propre à l'endroit où vous voulez coller, ayez soin qu'il ne reste plus rien de gras ni aucun vestige de cirage; la pièce que vous rapportez doit être de préférence en cuir à fond sec, une peau huileuse serait mauvaise pour ce genre de préparation, parez-la très mince à ses extrémités, ajustez-la bien à l'endroit qu'elle doit occuper, enduisez la pièce d'une couche de colle Bouchou et faites de même sur la partie de la chaussure, laissez sécher une demi-heure et renouvelez ainsi cette opération trois fois. Appliquez ensuite la pièce sur la partie que vous voulez réparer, puis, à l'aide d'une mailloche à peine chaude, passez légèrement sur la peau. Si vous avez bien observé tous les petits détails de cette préparation, la pièce tiendra sûrement et ne nuira pas à l'aspect de la chaussure.

TALON LOUIS XV

Je vais essayer ici de vous donner quelques notions sur la confection du talon Louis XV. Ces chaussures, beaucoup portées aujourd'hui, possèdent une élégance particulière due tout spécialement au genre de leurs talons.

En effet, rien ne diffère des chaussures ordinaires, si ce n'est un talon recouvert d'une enveloppe en peau cousue après la tige; tout le devant reste le même, en étant cependant plus léger et plus fin. Je vous donne donc ici la théorie du talon Louis XV en essayant, avec la plus grande simplicité, de vous mettre en état d'entreprendre un jour cet élégant et minutieux travail.

Les formes destinées aux chaussures à talons Louis XV doivent avoir le talon très plat et préparées pour la hauteur de celui qu'elles doivent supporter.

Après avoir broché votre première semelle, réglez au tranchet l'emboîtage du talon en le laissant toutefois plus large que la première, car il aura en plus la tige et le contrefort à couvrir. Prenez une gouge spéciale et creusez l'emboîtage du talon de bois, sculptez ensuite, suivant votre goût, la pièce que vous voulez obtenir. La beauté de la chaussure dépend toute du galbe que l'ouvrier imprime au talon, il doit lui donner un pavé approprié à la hauteur et à la grosseur du pied, et surtout bien arquer les gorges, ceci contribue beaucoup au bel aspect de la sculpture.

En plus de la gouge, vous vous servez pour évider, de la râpe, du grattoir et du papier de verre, le dernier parachève entièrement, c'est la touche finale du moulage.

La partie où repose le talon doit être montée avec des pointes fines et la tige, le contrefort et la doublure doivent être collés ensemble. Après le montage, on laisse un peu sécher cette partie, puis on retire les pointes qui n'ont plus grande utilité, la colle est désormais assez forte pour maintenir le dessus de la chaussure jusqu'à la piqûre prochaine, L'enveloppe du talon Louis XV se coud donc sur cette partie comme une trépointe sur la tige; on ajuste le morceau de peau à la place qu'il doit occuper et en tirant dessus petit à petit on coud en tournant de droite à gauche l'emboîtage de la forme.

C'est l'empreinte du talon que vous avez posé un instant à l'aide d'un grand clou spécial, qui vous donne la place de la couture et vous permet d'ajuster l'enveloppe. Ceci fait, enduisez l'emboîtage et la plante du talon d'une bonne colle tenant bien; puis, ajustez-le à sa place en faisant coller dessus le morceau de peau que vous venez de coudre et en le cambrant le mieux possible, de manière à lui en faire prendre parfaitement tous les contours. Consolidez le talon à l'aide d'un grand clou et placez-le de manière à ce que la couture soit entièrement cachée par l'emboîtage, puis montez entièrement l'enveloppe en la consolidant sur la gorge du talon à l'aide de petites pointes. Ceci fait, nous pouvons poser la semelle, celle-ci a été finement parée, de manière à pouvoir se cambrer facilement sous le talon, nous la collons fortement, la parons à ras du chevreau, puis, nous piquons le devant exactement comme les autres chaussures. Pendant cette couture, la semelle a séché et s'est fortement collée contre le bois; nous pouvons donc la piquer avec le talon. Nous enlevons les petites pointes qui retiennent l'enveloppe et nous faisons la gravure destinée à cacher les points au cordonnet avec lesquels nous allons piquer le talon.

Nota. — L'enveloppe du talon Louis XV se déforme à la mailloche et à la cire comme les talons ordinaires. Afin d'obtenir une belle piqûre. on se sert d'une roulette marquant les points qu'on n'a plus qu'à suivre régulièrement.

Le cordonnet en soie blanche dont on se sert doit être préalablement détordu en le serrant entre le pouce et l'index et en tirant de façon à le faire circuler dans toute sa longueur. Effilez ensuite les trois branches qu'il contient et faites les pointes à l'aide de la poix pour attacher les soies; prenez une alène à piquer spécialement réservée à ce genre de travail et commencez la piqûre. Vous devez, en piquant les bords du talon, traverser le bois des angles et rabattre le bout de la semelle se trouvant en haut de la gorge sur le pavé du talon. Les points serrés régulièrement dans la gravure sont ensuite recouverts de colle et fermés hermétiquement. Il ne nous reste plus maintenant qu'à poser la seule feuille de cuir que demande ce genre de talon, elle cache toute la construction et se cloue à l'aide de pointes fines qui rentrent profondément dans le bois. Le bonbout doit dépasser le pavé de bois en s'élargissant vers le haut, ses parois sont biseautées comme une lisse ordinaire, car c'est à l'aide d'un fer à lisses collantes qu'on déforme les contours.

J'ai dit, je crois, toutes les choses les plus essentielles concernant la construction du talon Louis XV, il n'est peut-être pas très facile de mettre en pratique une théorie semblable, mais on peut toujours y puiser de très intéressants renseignements.

FABRICATION MÉCANIQUE
D'UNE CHAUSSURE

DERNIERS PERFECTIONNEMENTS

Les difficultés que l'on rencontre dans le cousu main, la lenteur de cette méthode et le prix relativement élevé que coûte une chaussure ainsi faite, ont appelé l'attention des inventeurs et des industriels sur les moyens à employer pour arriver, par les machines, à une fabrication aussi parfaite, en économisant le temps et la main-d'œuvre.

Depuis quelques années, l'industrie de la chaussure a pris un essor considérable; on est arrivé aujourd'hui à reproduire entièrement, par des machines, la méthode du cousu main que nous avons décrite plus haut. Ce sont surtout les Américains, gens de progrès avant tout, qui, en important en France leur système, ont ainsi favorisé les progrès de ce genre de fabrication. Les Français ont marché sur leurs traces et nous avons pu voir à notre dernière Exposition, diverses installations complètes de ces usines modèles. Nous avons pu étudier à fond, nous rendre compte exactement de la perfection de leurs inventions. Les résultats obtenus sont merveilleux, les chaussures fabriquées joignent à la solidité une élégance et un fini parfaits. Nous allons décrire la mise en mains du travail dans une grande usine, et donner un aperçu de toutes les transformations que subissent les chaussures en passant par les différentes machines.

Les premières, découpées à la broche suivant le galbe des formes qu'elles doivent couvrir, passent à une machine qui fait les gravures, puis à une autre qui les ouvre; elles sont enduites ensuite d'une colle de caoutchouc préparée spécialement et que l'on doit avoir soin de laisser sécher. Les premières, ainsi préparées, sont recouvertes à la main d'une toile renfermant également une composition de caoutchouc. Cette toile a pour but de consolider les coutures que les gravures minces ne pourraient maintenir, et d'éviter également le prêtant que l'on trouve presque toujours dans les cuirs employés dans les maisons de confection. Elle permet aussi l'usage de premières plus minces, d'où une économie de marchandise. Lorsque tout est bien collé et parfaitement sec, les premières passent à une machine qui, en rafraîchissant cette toile, la fait pénétrer dans la gravure creusée précédemment (Fig. 110). Ceci fait, un homme affiche la première sur la forme voulue et la fixe à l'aide de quelques semences.

La chaussure est ainsi faite pour le montage; elle est passée à un ouvrier qui, ayant les tiges toutes prêtes, c'est-à-dire munies du contrefort et du bout dur, les monte sommairement sur les flancs et le bout, avec quelques pointes, de manière à ajuster à peu près la tige sur la forme. C'est alors que commence le rôle de la machine à monter. Celle-ci, munie de mâchoires remplaçant des pinces à monter dans le cousu main, monte la tige sur la forme, elle contient, en outre, des pointes qui, à l'aide d'un marteau automatique, montent complètement les flancs, les cambrures et l'emboitage.

Dans le montage du bout, les pointes sont supprimées et remplacées par un fil en laiton qui fait le tour du bout et fait passer irréprochablement les plis. Les deux extrémités de ce fil sont attachées par deux pointes placées symétriquement de chaque côté des flancs. La chaussure peut être alors passée en première, mais auparavant il est nécessaire d'enlever presque toutes les pointes à monter sous peine de voir l'aiguille de la machine se casser chaque fois qu'elle en rencontrerait une; on en laisse seulement quelques-unes pour maintenir la tige, et encore les soulève-t-on de manière à ce qu'elles s'échappent facilement; on rase en même temps les plis du montage. Le fil de laiton, à l'aide duquel nous avons monté le bout, reste, et n'entrave nullement la marche de la machine.

La machine à passer en premières, est l'une des inventions les plus ingénieuses et des plus importantes. Grâce à elle, on obtient une couture très régulière et d'une grande solidité (Fig. 110). Une trépointe, en tous points semblable à celles employées dans le cousu main, passe dans la machine et arrive sous l'aiguille prête à suivre les contours de la forme pour y être piquée. L'opérateur présente la chaussure horizontalement sous l'aiguille, un guide placé près de celle-ci lui permet de coudre régulièrement et d'obtenir, sans se donner aucun mal, une couture excessivement solide. Un homme enlève alors le fil de fer et les quelques pointes qu'on a laissées au montage, puis, à l'aide d'une nouvelle machine, rafraîchit la trépointe, c'est-à-dire enlève le surplus du montage (Fig. 113) et met la chaussure prête à être remplie.

Le remplissage se fait à l'aide d'un cambrillon en cuir préparé à l'avance, et d'une composition de liège, de colle, de caoutchouc et de talc réunissant plusieurs propriétés.

Cette mixture donne : 1° Une légèreté appréciable à la chaussure; 2° offre une grande résistance lorsqu'elle est sèche et imperméabilise parfaitement la première.

La machine à battre la trépointe commence alors son service, elle est composée d'un petit marteau frappant sur une pièce où repose le cuir; à l'aide d'une pédale, on la met en mouvement et, en un court moment, la trépointe est absolument battue et redressée (Fig. 114).

La machine à brocher les semelles se compose de patrons de bois sur lesquels on pose les semelles à découper. Le couteau fait tout le tour du modèle et découpe le cuir suivant les patrons dont on connaît les dimensions (Fig. 105). Ce mécanisme permet de brocher en même temps plusieurs pièces de cuir et produit ainsi un travail très rapide. La semelle étant enduite de colle-caoutchouc est posée sur la chaussure, puis passée à la machine à ficher; celle-ci se charge d'en faire coller toutes les parties et de lui donner le galbe voulu (Fig. 115). L'emboîtage est ensuite cloué à la machine, puis une autre se charge de brocher et de gravurer les semelles en même temps; à l'aide d'une vis spéciale, on peut régler le brochage suivant la largeur des semelles qu'on désire (Fig. 116), la gravure relevée par une machine (Fig. 118), on passe la chaussure à la machine à piquer. Celle-ci fonctionne à peu près comme la machine à passer en premières, l'opérateur n'ayant qu'à présenter la chaussure à l'aiguille de la machine. Elle pique les points avec une régularité parfaite et fait des coutures très solides (Fig. 112). La semelle cousue, un ouvrier enduit de colle l'intérieur des gravures qui sont ensuite rabattues par une machine spéciale.

La machine à astiquer est aussi très curieuse; elle se compose de deux cylindres sous lesquels la chaussure vient se placer d'elle-même. Ces cylindres achèvent de fermer les gravures et donnent à la semelle le poli et l'astic que l'on obtient à la main (Fig. 121). Ceci fait, il nous faut ensuite poser le talon. Les sous bouts sont préparés d'avance et collés les uns sur les autres. La chaussure, placée sur un pied adapté à la machine, vient se mettre dessous et l'opérateur n'a qu'à presser sur une pédale pour voir le talon se fixer à l'emboîtage. Le bon bout est ensuite chevillé, par-dessus, par la même machine.

La machine à fraiser les talons est composée de deux couteaux tournant avec une grande rapidité; un guide placé en avant permet à l'opérateur de maintenir la chaussure dont le talon est aussitôt façonné, suivant le réglage qu'on a donné à la machine, avant la mise en marche. Le grattage de ce talon s'opère à l'aide d'une machine composée de deux disques : un sur lequel on dégrossit le travail, l'autre sur lequel on fait un gratté plus fin.

La machine à marquer les points, qui joue le rôle de la roulette dans le cousu main, se compose de dents sur lesquelles l'ouvrier place sa chaussure et la fait tourner, de manière à ce qu'elles passent sur toute la lisse. Les points de la machine à piquer, sont ainsi marqués, avec une grande régularité.

Ceci fait, nous avons à fraiser les lisses; cette opération se fait aussi à l'aide d'une machine munie de roues dentées, qui tournent très rapidement; les dents de ces roues, étant bien aiguisées, on leur présente les lisses; mais cette machine est très difficile à conduire et exige une grande habitude. Les lisses fraisées, il nous faut les déformer. La machine affectée à cet usage est munie de deux fers chauffés généralement par un petit bec de gaz; l'un s'emploie pour la déforme des lisses, l'autre pour les sans lisses.

Une machine spéciale est employée aussi au grattage des semelles et des cambrures, elle comprend deux rouleaux de cuir recouverts de feuilles de papier de verre; l'un dégrossit, l'autre ponce plus finement. Elle est, en outre, munie d'une brosse de crin ou d'un rouleau d'émeri qui lisse légèrement les clous du talon; un ventilateur puissant entraîne la poussière et permet d'obtenir ainsi un travail très propre et très net.

La chaussure est ainsi presque terminée, il ne nous reste plus qu'à déformer la semelle et le talon. Cette opération se fait aussi mécaniquement: un homme les ayant enduits de noir et de cire, les passe à la machine composée de deux brosses. La première tournant très vite est employée pour étendre la cire, l'autre est plus lente, polit la semelle et lui donne le brillant qu'une troisième brosse fixe définitivement sur la semelle. La déforme mécanique a un grand avantage, contrairement aux brillants ordinaires, ces brillants ne ternissent pas, c'est ainsi qu'on peut avec le doigt frotter ou passer de l'eau sur la semelle sans changer un instant le poli obtenu auparavant.

La chaussure, dans cet état, est tout à fait terminée; sans enlever la forme on obtient une bottine parfaitement constituée, jouissant d'une grande solidité ainsi que d'un bon renformage, la forme étant restée intacte n'a pas détérioré les contours de la chaussure, une seule chose reste à faire, c'est de maquiller la tige dont la main-d'œuvre a terni l'éclat. C'est alors qu'on emploie un nouveau système d'embauchoirs posés sur une table et mis à l'aide de pédales, ils forcent et garnissent la bottine à volonté; lorsque les plis ont absolument disparu, un ouvrier passe un fer tout spécial muni de deux poignées en bois sur la tige qu'il unit parfaitement et enlève les faux plis que le travail précédent a fait paraître. Ce procédé de finissage nécessite une série d'embauchoirs tout spéciaux qu'on adapte suivant les pointures à la machine dont nous venons de parler. Ayant passé le fer sur toutes les parties de la tige pour lui rendre un joli brillant, on passe une couche de mixture préparée à l'avance et dont presque tous les fabricants sont possesseurs.

Mises en boîtes avec la pointure et la marque de la maison, ces chaussures peuvent être livrées aux clients; elles ont absolument l'aspect du cousu-main et bien qu'étant d'un prix moins élevé, présentent à l'usage la plus parfaite solidité.

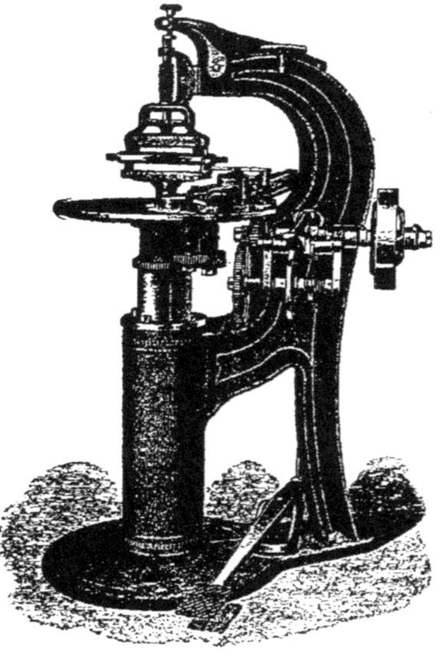

Fig. 105.

JULIAN, Machine à brocher les semelles.

Fig. 106.

GOODYEAR, Machine à égaliser les trépointes.

Fig. 107.

GOODYEAR, Machine à rainer et biseauter les trépointes.

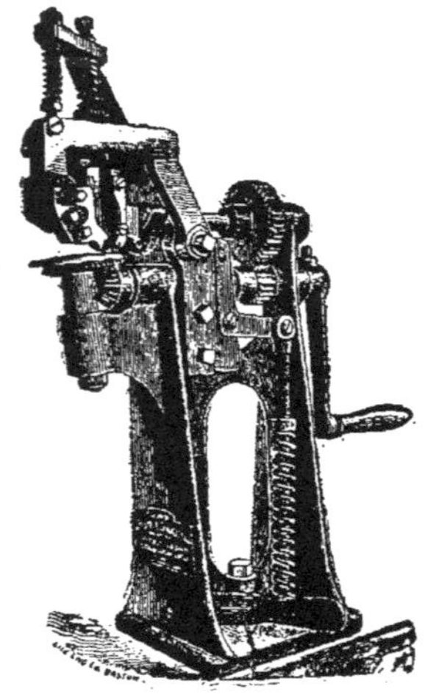

Fig. 108.
GOODYEAR, Machine à graver les premières.

Fig. 109.
GOODYEAR, Machine à relever les gravures.

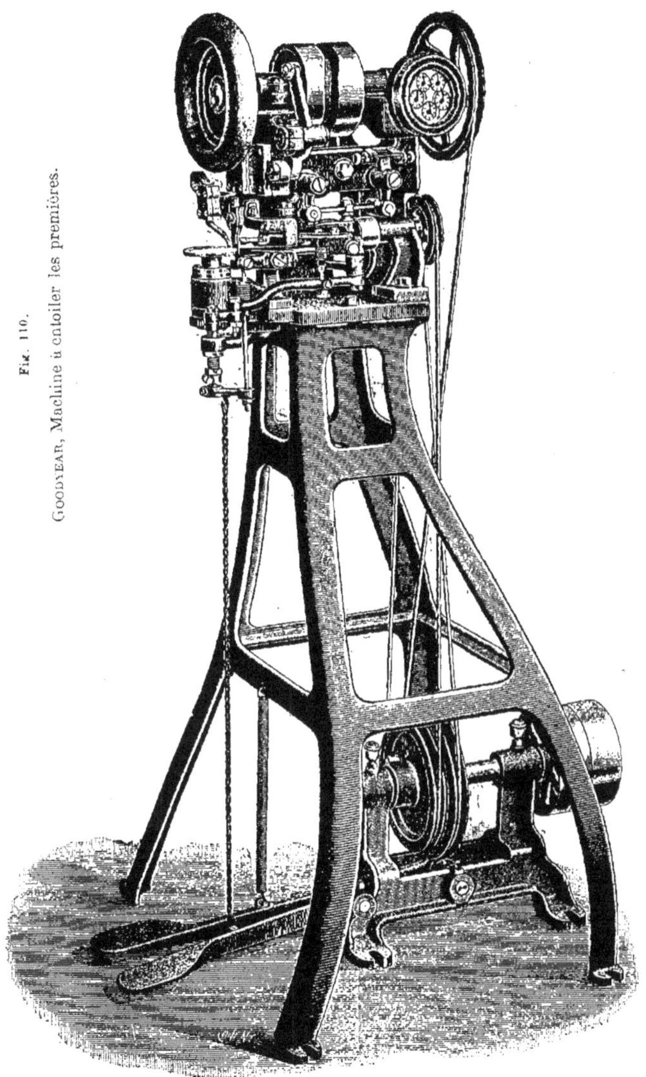

Fig. 110.
GOODYEAR, Machine à entoiler les premières.

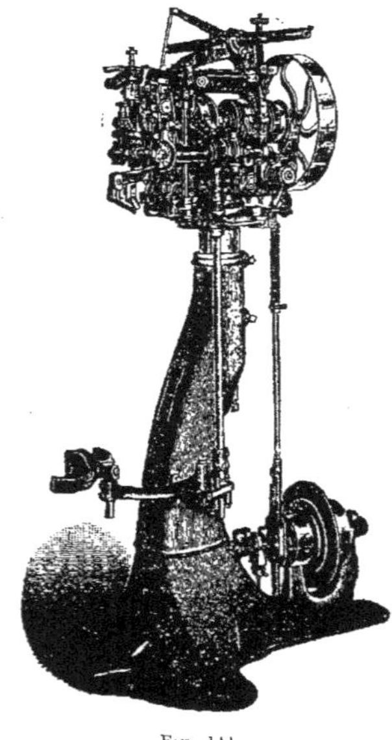

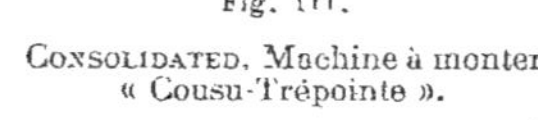

Fig. 111.

CONSOLIDATED. Machine à monter « Cousu-Trépointe ».

Fig. 112

GOODYEAR, Machine à coudre les trépointes.

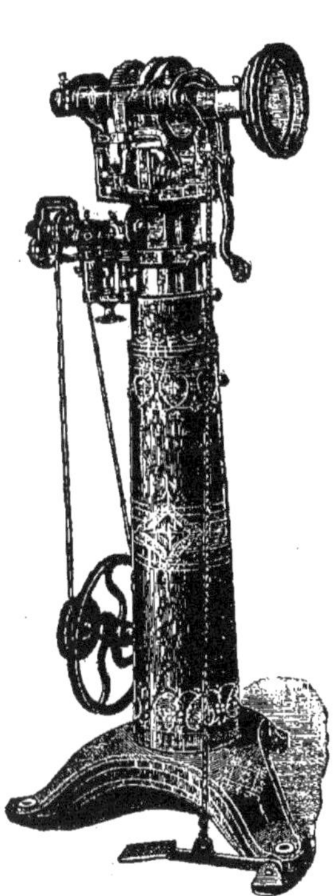

Fig. 113.
GOODYEAR, Machine à rafraîchir les coutures.

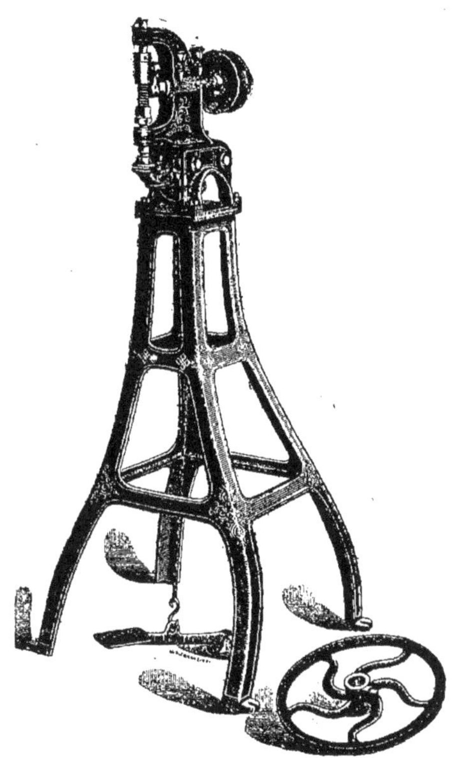

Fig. 114.
GOODYEAR, Machine à marteler les trépointes.

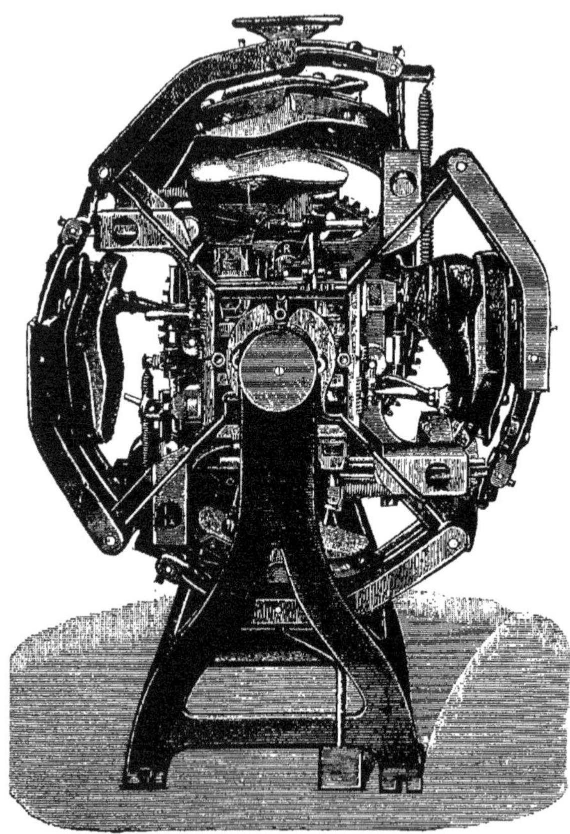

Fig. 115.

Goodyear, Machine automatique à ficher les semelles.

Fig. 116.
GOODYEAR. Machine à brocher et graver les semelles sur forme.

Fig. 117.

GOODYEAR, Machine à amincir les cambrures.

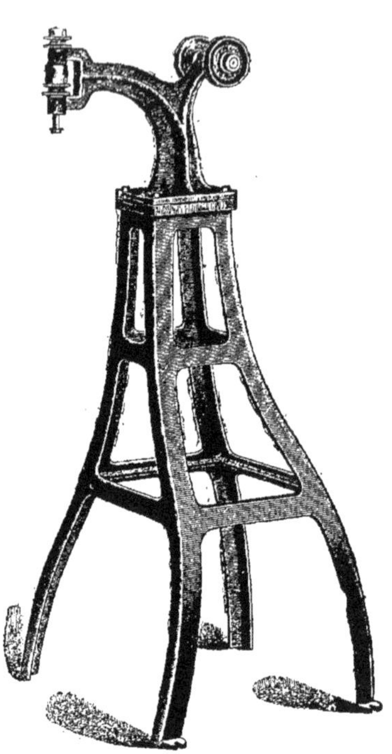

Fig. 118.

GOODYEAR, Machine à ouvrir les gravures.

Fig. 119.

GOODYEAR RAPIDE, Machine à piquer les semelles.

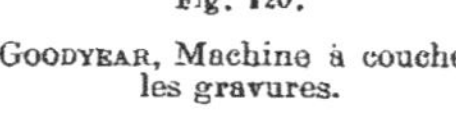

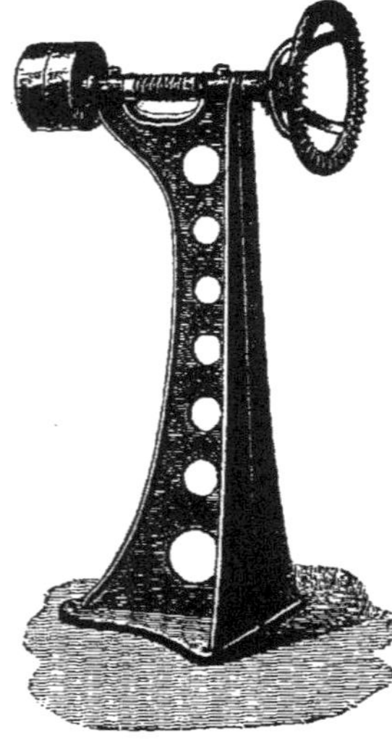

Fig. 120.

GOODYEAR, Machine à coucher les gravures.

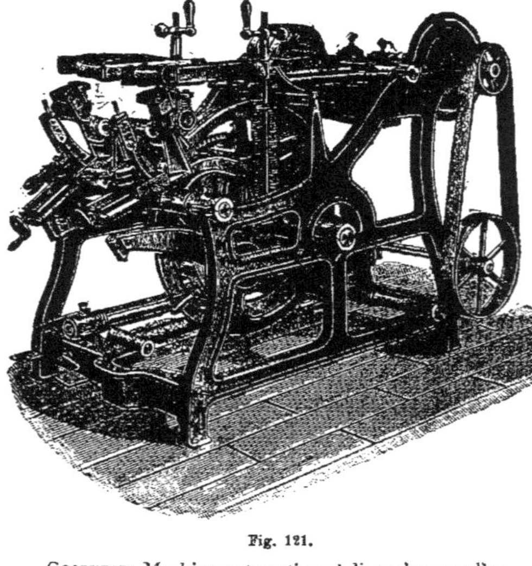

Fig. 121.

GOODYEAR, Machine automatique à lisser les semelles.

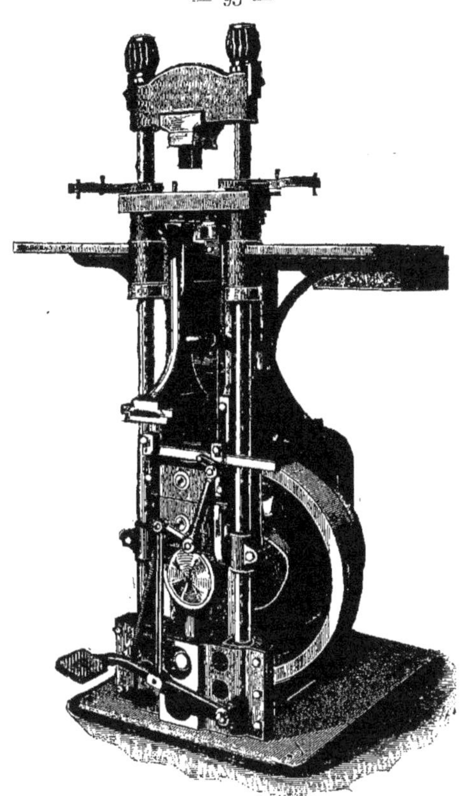

Fig. 122.
LIGHTNING HEELER, Machine à talonner.

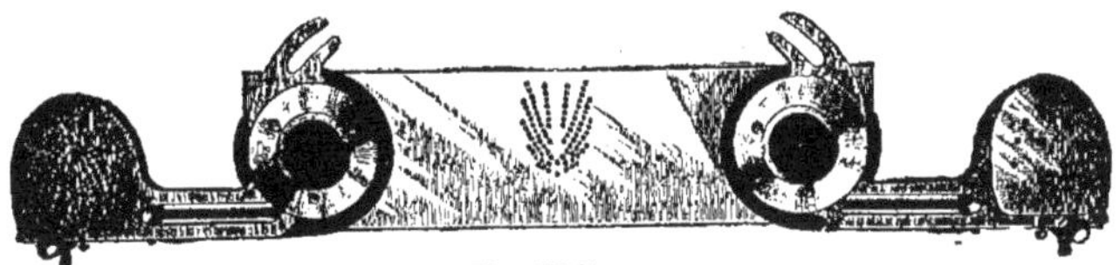

Fig. 122 *bis*.
Cloueur multiple de la machine Lighting.

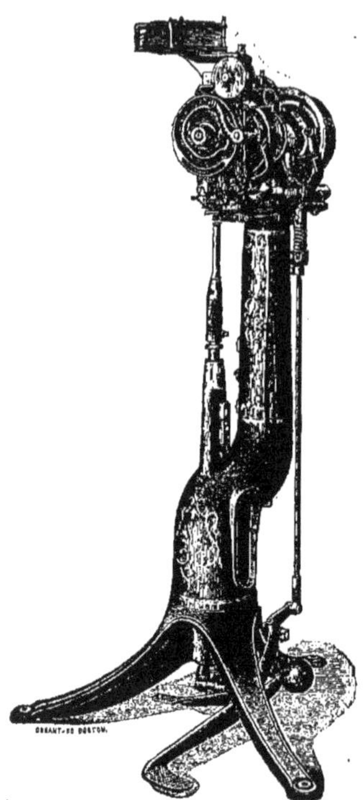

Fig. 123.

Universal Slugger, Machine à cheviller les bonbouts.

Fig. 124.

Mc Kay Rotary Trimmer, Machine à fraiser les talons et ébourrer les emboîtages.

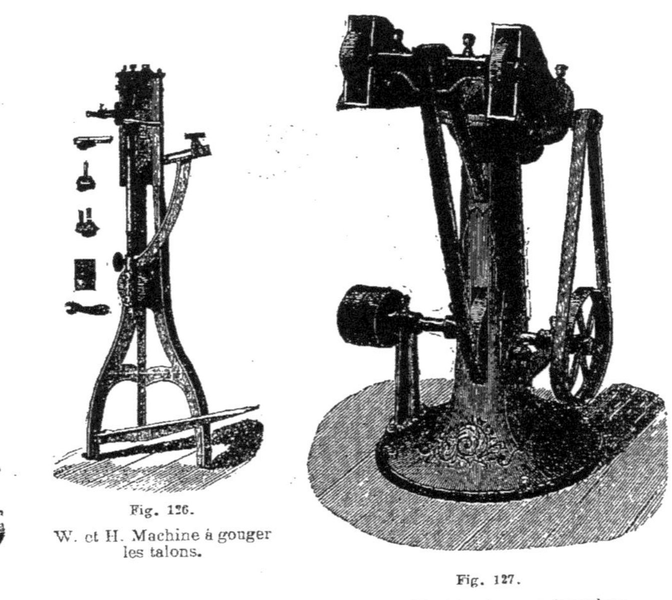

Fig. 125.

Mc Kay, Machine à affûter les couteaux de la machine à fraiser les talons.

Fig. 126.

W. et H. Machine à gouger les talons.

Fig. 127.

Cavrer, Machine à verrer les talons.

Fig. 128.

T. A. B. Machine à fraiser les lisses.

Fig. 129.

Union, Machine double à déformer les lisses.

Fig. 150.

GOODYEAR, Machine à marquer les points.

Fig. 131.
Excelsior, Machine à déformer à froid.

Fig. 132.
Webster Buffer, Machine à gratter les semelles.

Fig. 183.

COLUMBUS, Machine à deux vitesses à déformer les semelles de couleur.

Fig 184.

MILLER, Machine à embauchoirs pour chaussures d'homme.

Fig. 135.
MILLER, Machine à embauchoirs pour chaussures de femme.

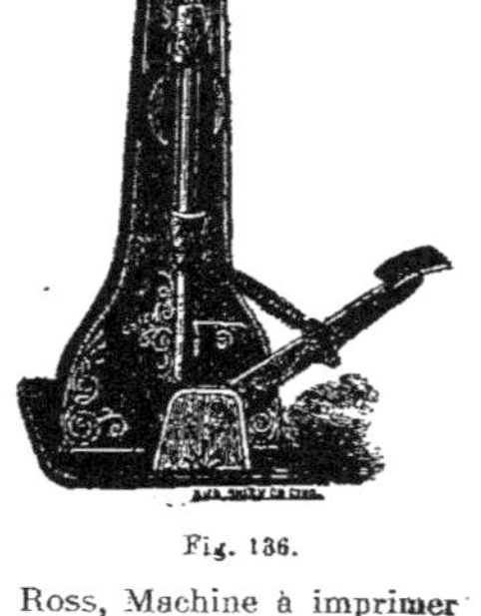

Fig. 136.
Ross, Machine à imprimer la marque de fabrique.

TABLE DES MATIÈRES

PATRONAGE :

NOUVEAUTÉS EN PEAUSSERIE FINE

de tous Genres

NOIRE ET COULEUR

⊲ FRANÇAISES, AMÉRICAINES, ÉTRANGÈRES ⊳

CUIRS VERNIS
VEAUX CIRÉS

*

CLAQUES POULAIN
RUSSE

" VELOUTINE "

POUR CHAUSSURES

Marque déposée

PIERRE ANGLAISE DOUCE formant poudre

POUR

LE NETTOYAGE DE LA PEAU DE DAIM ET DE LA TOILE A VOILE

ÉTÉ 1902

SE FAIT EN TOUTES NUANCES

Modèles spéciaux de Boucles-Coulants, Bijouterie fine

ALBERT HERTH

7, Faubourg Poissonnière, 7

PARIS (9e Arr.)

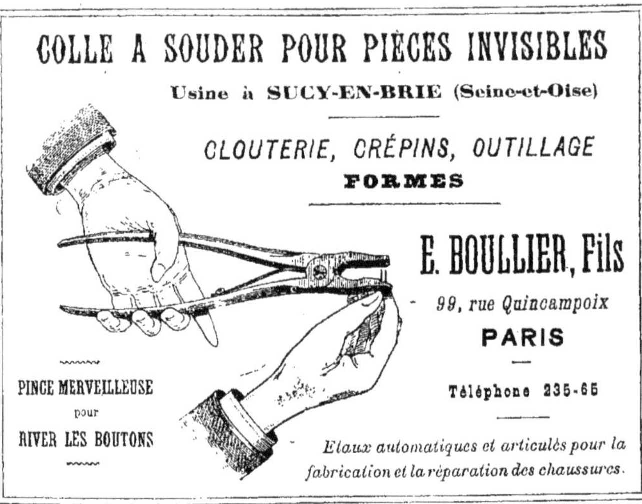
COLLE A SOUDER POUR PIÈCES INVISIBLES
Usine à SUCY-EN-BRIE (Seine-et-Oise)
CLOUTERIE, CRÉPINS, OUTILLAGE
FORMES
E. BOULLIER, Fils
99, rue Quincampoix
PARIS
Téléphone 235-65
PINCE MERVEILLEUSE
pour
RIVER LES BOUTONS
Etaux automatiques et articulés pour la fabrication et la réparation des chaussures.

FOURNITURES pour CHAUSSURES

G. DROUARD

8, Rue du Sentier, 8

PARIS

“ LE CHAUSSEUR ”

JOURNAL PROFESSIONNEL DE 40 PAGES

PARAISSANT LE 1er DE CHAQUE MOIS

Propriété de la Chambre Syndicale des Chausseurs de Paris
Organe officiel des Syndicats de Paris et de la Province

FONDÉ EN 1880 — 23e ANNÉE

PRIX DE L'ABONNEMENT :

PARIS . . . . 5 fr. par an | DÉPARTEMENTS 6 fr. par an
ETRANGER . . 8 fr. par an

“ **LE CHAUSSEUR** ”, depuis sa dernière transformation, est devenu l'un des principaux organes de la corporation.

“ **LE CHAUSSEUR** ” est lu en France et à l'Etranger, par les fabricants de chaussures, les bottiers, cordonniers, par tous ceux, en un mot, qui aiment être renseignés sur ce qui se passe dans le monde de la chaussure.

“ **LE CHAUSSEUR** ” publie dans chaque numéro un article sur la Mode, donne le compte rendu des principales Chambres Syndicales, ainsi que les renseignements officiels concernant notre industrie.

Il publie, en outre, des articles techniques très intéressants.

A partir du mois d'Avril prochain, “ **LE CHAUSSEUR** ” offrira, tous les trimestres, à ses nombreux abonnés une planche de gravures donnant les modèles sortant des plus grandes maisons de Paris.

Le prix d'abonnement du “ **CHAUSSEUR** ”, étant donnée l'importance, du journal est le meilleur marché de tous les journaux professionnels, ce qui le fait adopter par la plus grande partie de la corporation.

PARIS — IMP. CHARLES SCHLAEBER, 237, RUE SAINT-HONORÉ

Paris. — Imprimerie Charles SCHLAEBER, 20, rue Saint-Honoré.

www.ingramcontent.com/pod-product-compliance
Ingram Content Group UK Ltd.
Pitfield, Milton Keynes, MK11 3LW, UK
UKHW020343230726
13925UKWH00003B/946

9 782014 456837